인류세에서 죽음을 배우다

Learning to Die in the Anthropocene

Learning to Die in the Anthropocene

인류세에서 죽음을 배우다

문명의 종말에 대한 성찰

로이 스크랜턴 지음
안규남 옮김

동아시아

추천사

"이 책에서 로이 스크랜턴은 자신이 이라크에서 겪은 경험을 끌어들이며 기후변화의 암울한 실상과 대결한다. 그 결과 강력한 문제작이 등장했다."

_ 엘리자베스 콜버트 Elizabeth Kolbert
2015년 퓰리처상 수상자, 『여섯 번째 대멸종The Sixth Extinction』의 저자

"로이 스크랜턴은 기후 위기가 얼마나 심각한 수준인지를 보기 드물게 정직한 태도로 설명하면서 우리 앞에 놓인 험난한 미래에 가능한 한 품위 있게 대처하도록 우리를 도와줄 재창조된 휴머니즘이 필요하다고 주장한다. 나는 사회운동이 이산화탄소 배출량을 상당히 경감시킬 수 있으리라는 결론에는 동의하지 않지만 이 책은 세련된 작가이자 독창적 사상가인 저자의 현명하고도 중대한 도전이다."

_ 나오미 클라인 Naomi Klein
저널리스트, 환경운동가, 『노로는 충분하지 않다No Is Not Enough』의 저자

"우리는 망했다. 우리는 그 사실을 알고 있다. 어느 정도는. 그러나 이 통렬한 책에서 로이 스크랜턴은 어둠 속으로 들어가 그곳을 뚫어질 듯 응시한다. 더 나아가 그는 고투 속에서 약간의 빛을 되찾는다. 철학이란 무엇인가? 그것은 사유로 파악된 시대다. 지금은 우리의 시대이고 로이 스크랜턴은 때때로 총탄 같은 느낌을 주는 산문으로 우리의 시대를 사유하고 있다."

_ 사이먼 크리츨리 Simon Critchley 뉴욕 뉴스쿨 철학과 교수, 「뉴욕타임즈」 철학 칼럼 시리즈 '더 스톤The Stone'의 편집자, 『자살에 대하여Notes on Suicide』의 저자

"로이 스크랜턴은 알고 있다. 그는 이 문명이 끝났다는 것을 직감적으로 알고 있다. 그는 어떤 다른 살길을 만들 인간의 춤을 다시 시작할 때라는 것을 안다. 독특하고 독창적인 방식으로 그는 공통의 문화적 유산을 통해 작업하고 그것을 이 너무나 흥미로운 시대를 위해 신선하고 새로운 어떤 것으로 만든다. 이 압축적이고 본질적인 텍스트는 불편한 진실과 예기치 못한 기쁨을 제공한다."

_ **매켄지 와크**McKenzie Wark
뉴스쿨 미디어문화 연구학과 교수, 『분자적 레드Molecular Red』의 저자

"감동과 야심의 문제작."

_ **롭 닉슨**Rob Nixon
프린스턴 대학교 영어과 교수, 프린스턴환경연구소 교수, 『느린 폭력과 빈자의 환경주의Slow Violence and the Environmentalism of the Poor』의 저자

"로이 스크랜턴은 인류세를 향한 포효를 글에 담았다. 이 책은 열정, 섬광, 과학, 지혜로 가득하다. 지금까지 이 주제에 관해 쓴 책 중 가장 핵심을 찌르는 책이다."

_ **데일 제이미슨**Dale Jamieson
뉴욕대학교 철학 교수, 『암흑 시대의 이성Reason in a Dark Time』의 저자

"신석기 시대 이후 생이라는 개념은 삶의 질적 수준이 어떠하든 생존 욕구로 자리 잡았으나 동기 부여라는 측면에서는 그리 대단한 성과를 거두지 못했다. 생은 인간이 사는 것을 도우려 들지 않는다. 우리의 정치적 결정에 생태학적 인식을 포함한다는 것은 가능한 한 다양한 방식으로(심리적, 철학적, 사회적) 죽음을 포함한다는 뜻이다. 로이 스크랜턴은 지루하고 억압적이면서 생태학적으로 파멸적인 인간적 케이크에 죽음을 추가하는 데 필요한 요리책을 썼다."

_ **티머시 모턴**Timothy Morton
영문학자, 생태이론가, 『자연 없는 생태학Ecology without Nature』의 저자

차례

들어가는 글

귀향

"간단히 말해, 현재를 아는 것이 곧 미래를 아는 것이다."

–플로티누스Plotinus 『엔네아데스Enneads』 IV. 12

2003년 이라크로 들어가는 길은 마치 미래로 들어가는 것 같았다. 우리가 탄 호송차는 낮부터 밤까지 하루 종일 달렸다. 군 검문소와 불타버린 탱크를 지나 마침내 새벽 동이 틀 무렵 지옥의 환영인 듯 사막 한가운데에서 바그다드가 모습을 드러냈다. 정유탑 꼭대기에서 뿜어져 나오는 화염이 하늘을 뒤덮었고, 지평선을 배경으로 거대한 유적이 배를 드러낸 채 쓰러져 있었다. 파괴된 교회, 폭격당한 공장, 고대의 거리 위로 부서진 고가도로가 늘어져 있었다.

'충격과 공포'와 더불어, 미군은 인구 6백만 명의 도시에 세상의 종말을 풀어놓았다. 휴스턴이나 워싱턴디시와 비슷한 수의 인구가 거주하는 바그다드의 기반 시설은 거의 파괴되었다. 물, 전력, 교통, 시장, 치안은 무정부 상태에 빠졌고 지역마다 다른 규칙의 지배하에 놓이게 되었다. 정부는 붕괴되고, 장벽이 세워지고, 부족 간에 경계선이 그어지고, 야만적인 위계질서가 잔인한 방식으로 정립되었다. 이듬해에는 폭리 취득자, 근본주의자, 군인의 갈취 때문에 도시의 세속적 중산계급이 소멸된다.

이라크에 배치되었을 때, 나는 미 육군 이등병이었다. 당시에 그 파괴된 세계는 나의 새로운 집이었다. 물론 내가 살아남는다는 전제하에. 2년 반 뒤에 나는 오클라호마주Oklahoma의 포르트 실Fort Sill에서 안전하고 한가로운 군 생활을 보내고 있었다. 이때만 해도 나는 저 파괴된 세계에서 무사히 빠져나왔다고 생각했다. 그러다가 허리케인 카트리나가 뉴올리언스New Orleans를 강타하는 모습을 텔레비전으로 보게 되었다. 충격과 공포를 제공한 것이 날씨라는 점만 달랐을 뿐, 바그다드에서 목격했던 혼돈과 붕괴, 계획의 실패와 그에 이어진 무정부 상태를 뉴올리언스에서 다시 목도했다. 82 공수사단이 전략 거점을 확보하고 사실상의 계엄령하에서 거리를 순찰했다. 내가 속해 있는 부대도 경계 태세에 돌입했고 폭동 진압 훈련을 실시했다. 바그다드에서 보았던 냉혹하고 암울한 미래가 내 나라를 덮친 것이다. 그것은 테러나 대량살상무기에 의한 것이 아니었다. 회복 불가능할 정도의 강한 충격으로 인해 작동을 멈춘 문명 시스템에 의한 것이었다.

그 충격은 사라지지 않고 지금도 진행 중이다.

미 태평양 사령관인 해군 제독 사무엘 로클리어 3세Samuel Locklear III에 따르면, 전 지구적 기후변화는 테러와 중국인 해커, 북한의 핵미사일 등 미국이 직면하고 있는 그 어떤 위협보다도 강력한 위협이다.[1] 그는 기온 상승, 해수면 상승, 불안정한 기후에 따른 대변동이 "우리가 흔히 이야기하는 시나리오보다 실제로 안보 환경에 심대한 타격을 입힐 가능성이 가장 클 것이다"라고 말했다.[2] 2014년 토마스 도닐론Thomas Donilon 국가안보보좌관도 "기후변화가 환경에 미치는 영향이 국가 안보에 위협이 되고 있다"고 말했다. 제임스 클래퍼James Clapper 미국 국가정보국 국장은 2013년 상원에 출석해 "기상이변(홍수, 가뭄, 폭염)으로 인해

1 Bryan Bender, "Chief of US Pacific forces calls climate biggest worry." Boston Globe, March 9, 2013. www.bostonglobe.com/news/nation/2013/03/09/admiral-samuel-locklear-commander-pacific-forces-warns-that-climate-change-top-threat/BHdPVCLrWEMxRe9IXJZcHL/story.html.

2 대통령 국가안보보좌관 토마스 도닐론이 콜롬비아 대학교의 글로벌 에너지 정책 센터 개소실에서 한 말, 2014년 4월 23일. 백악관 대변인실이 배포한 보도자료에서 발췌. www.whitehouse.gov/the·press·office/2013/04/24/remarks-tom-donilon-national-security-advisor-president-launch-columbia.

갈수록 식량 시장과 에너지 시장이 혼란에 빠지고, 국가의 취약성이 심화되고, 이주민이 발생하고, 폭동과 시민 불복종과 반달리즘이 촉발될 것이다"라고 말했다.[3] 오바마 대통령의 2010년 「국가안보전략」, 미 국방부의 「2014 4개년 국방검토보고서」, 국토안보부의 「2014년 4개년 국가안보검토보고서」는 모두 기후변화를 임박한 중차대한 위험으로 보고 있다.[4] 미 국방부의 「2014 기후변화 적응 로드맵」도 다음과 같이 경고하고 있다. "전 지구적 기온 상승, 강수 패턴의 변화, 해수면 상승, 더 극심한 기상이변 등으로 인해 전 지구적 불안정성, 기아, 빈곤, 갈등 같은 문제들이 한층 심화될 것이다. 도처에서 식량 부족, 물 부족, 팬데믹, 자원을 둘러싼 갈등, 자연재해가 일어날 것이다."[5]

3 James R. Clapper, "Statement for the Record: Worldwide Threat Assessment of the US Intelligence Community." Senate Select Committeeon Intelligence, March 12, 2013, 9. www.dni.gov/files/documents/Intelligence%20Reports/2013%20ATA%20SFR%20for%20SSCI%2012%20Mar%202013.pdf

4 The White House, National Security Strategy 2010. US Department of Defense, 2014 Quadrennial Defense Review;US Department of Homeland Security, 2014 Quadrennial Homeland Security Review

민간에서도 비슷한 주장을 하고 있다. 세계은행의 2013년 보고서 「온도를 내려라: 기후이변, 지역적 영향 그리고 복원 사례Turn Down the Heat:Climate Extremes, Regional Impacts, and the Case for Resilience」와 2014년에 나온 후속편 「온도를 내려라: 새로운 기후에 직면하다Turn Down the Heat:Confronting the New Climate Normal」는 지구온난화의 영향에 대한 무시무시한 진단을 내놓고 있다. 그에 따르면, 오늘날 기후학자들은 지구온난화의 결과로 지구 기온이 산업혁명 이전보다 한 세대 내에는 화씨 3.6도(섭씨 2도), 90년 내에는 화씨 7.2도(섭씨 4도) 높아질 것이라고 예측하고 있다.[6]

5 The US Department of Defense. 2014 Climate Change Adaptation Roadmap.

6 World Bank, Turn Down the Heat: Climate Extremes, Regional Impacts, and the Case for Resilience, Washington, D.C.:International Bank for Reconstruction and Development/The World Bank, 2013. www-wds.worldbank.org/external/default/WDSContentServer/WDSP/IB/2013/06/14/000445729_20130614145941/Rendered/PDF/784240WP0Full00D0CONF0to0June19090L.pdf World Bank, Turn Down the Heat:Confronting the New Climate Normal, Washington, D.C.:International Bank for Reconstruction and Development/The World Bank, 2014. www-wds.worldbank.org/external/default/WDSContentServer/WDSP/

그린란드Greenland에서 남극대륙에 이르기까지 존재하는 빙하와 빙상이 지구의 기온 상승으로 액화되면, 얼음이 녹은 물은 모두 바다로 흘러 들어가게 된다. 최악의 추정치에 따르면, 2040년이면 해수면이 7~8피트(2.1~2.4미터 정도) 상승하게 된다.[7] 이미 진행 중인 서남극 대륙의 빙상 붕괴가 완전히 끝나면 해수면이 20피트(6미터 정도)나 상승한다.[8]

빙하와 빙상이 녹으면, 장구한 세월 동안 해저와

IB/2014/11/20/000406484_20141120090713/Rendered/PDF/927040v20WP00O0ull0Report000English.pdf

7 Sam Carana, "Heatwave to Hit Greenland", Arctic News, August 15, 2014. arctic-news.blogspot.com/2014/08/heatwave-to-hit-greenland.html

8 Ian Joughin, Benjamin E. Smith, and Brooke Medley, "Marine Ice Sheet Collapse Potentially Under Way for the Thwaites Glacier Basin, West Antarctica", Science 344:6185(May 16, 2014), 735-738; and Thomas Sumner, "No Stopping the Collapse of West Antarctic Ice Sheet", Science 344:6185(May 16, 2014), 683. 제임스 핸슨은 다음과 같이 말한다. "서남극 대륙의 빙상 전체가 사라지면 해수면이 6~7미터 상승할 것이고 결국은 훨씬 더 커다란 동남극 대륙의 빙상 일부가 바다에 잠기게 될 것이다. 일단 빙상의 붕괴가 시작되면, 전 세계의 연안이 폐허가 될 것이고 그로 인한 경제적 여파 때문에 인류는 기후를 신속히 바로잡기 위한 조치를 취하는 것이 불가능해질 수 있다." James Hansen, Storms of My Grandchildren:The Truth About the Coming Climate Catastrophe and Our Last Chance to Save Humanity(New York: Bloomsbury, 2009), 83.

영구동토층에 동결되어 있던 탄소와 메탄도 녹게 된다. 메탄은 이산화탄소보다 온실효과가 20배 이상이나 되는 온실가스인데, 바다 밑에 매장되어 있는 메탄 하이드레이트Methane Hydrate에는 풀려나기를 기다리고 있는 메탄이 무려 수조 톤에 이른다. 해양학자 존 케슬러John Kessler는 "얼음과 비슷한 모양을 한 이 고체 물질은 특정한 조건하에서만 안정적이며" "화석 연료의 지구 전체 매장량과 거의 비슷한 규모의 메탄을 포함하고 있는 것으로 추정된다"고 주장한다.[9] 시베리아에서 메탄이 쌓여 있는 싱크홀이 생겨났고 북극해의 해저에서 메탄 버블이 새어 나오는 것이 감지되었는데, 이 현상은 폭주 온실효과를 초래할 가능성이 있는 거대한 지구적 '분출'의 시작을 알리는 신호일 수 있다.[10] 지구물리학자 데이비드 아처David

9 John Kessler, "Seafloor methane: Atlantic bubble bath", Nature Geoscience 7(2014), 625-626.

10 Steve Connor, "Vast methane 'plumes' seen in Arctic ocean as sea ice retreats", The Independent, December 13, 2011. www.independent.co.uk/news/science/vast-methane-plumes-seen-in-arctic-ocean-as-sea-ice-retreats-6276278.html; Katia Moskvitch, "Mysterious Siberian crater attributed to methane", Nature, July 31, 2014. www.nature.com/news/mysterious-siberian-crater-attributed-to-methane-1.15649; Natalia

Archer는 "메탄 하이드레이트의 매장량이 지구에 가할 수 있는 파괴력은 핵겨울이나 혜성 혹은 소행성 충돌로 인한 파괴력과 비슷한 수준으로 추정된다"고 경고하고 있다.[11]

기후변화는 기정사실이다. 문제는 기후변화가 얼마나 빨리 그리고 어느 정도 수준으로 닥칠 것인가 하는 것이다. 유엔정부간기후변화협의체IPCC(Intergovernmental Panel on Climate Change)가 2014년에 발표한 기후 영향 보고서는 "비록 잘

Shakhova, Igor Semiletov, Anatoly Salyuk, Vladimir Yusupov, Denis Kosmach, and Örjan Gustafsson, "Extensive Methane Venting to the Atmosphere from Sediments of the East Siberian Arctic Shelf", Science 327:5970(March 5, 2010), 1246–1250; Natalia Shakhova, V. A. Alekseev, and I. P. Semiletov, "Predicted Methane Emission on the East Siberian Shelf", Doklady Earth Sciences 430:2(2010), 190–193; "SWERUS-C3:First observations of methane release from Arctic Ocean hydrates", Stockholm University, Gail Whiteman, Chris Hope, and Peter Wadhams, "Climate science:Vast costs of Arctic change", Nature 499(July 25, 2013), 401–403; and Sergey A. Zimov, Edward A. G. Schuur, F. Stuart Chapin Ⅲ. "Permafrost and the Global Carbon Budget", Science 312:5780(June 16, 2006), 1612–1613. Also see Sam Carana at the Arctic News blog, arctic-news. blogspot. com

11 David Archer, The Long Thaw: How Humans Are Changing the Next 100,000 Years of Earth's Climate(Princeton: Princeton University Press, 2009), 132

적응한다고 해도 현재 시행 중인 수준을 넘어 추가적인 경감 노력이 이루어지지 않는 한, 지구온난화는 21세기 말까지 전 지구적으로 상당히 위험한 수준의 심각하고 광범위하고 비가역적인 영향을 초래할 것이다"[12]라고 보고하고 있다(2022년 10월, IPCC는 6차 기후 영향 보고서를 준비 중인데 사전 발표된 내용은 여전히 충격적이다. 지구 평균기온이 1.5도 상승할 때 3억 5천만 명, 2도 상승할 때 4억 1천만 명의 도시 인구가 물 부족 상태로 내몰린다. 해수면은 이번 세기에 2미터까지 높아질 수 있다_'부산도 잠긴다는 기후 묵시록' 방준호 기자 「한겨레21」 2022년 3월 7일 기사 참조_편집자 주). 세계은행에 따르면 지금 당장 전 세계가 이산화탄소 배출을 중단한다 해도 화씨 2.7도가량의 기온 상승은 불가피해 보인다.[13] 하와이 대학교 연구원들의

12 Intergovernmental Panel on Climate Change, "Climate Change 2014 Synthesis Report", November 5, 2014. This document is the Headline Summary of the IPCC, "Summary for Policymakers", Climate Change 2014:Mitigation of Climate Change:Working Group Ⅲ Contribution to the Fifth Assessment Report of the Intergovernmental Panel on Climate Change(New York: Cambridge University Press, 2014). www.ipcc.ch/report/ar5/wg3

13 "매우 적극적인 경감 조치를 취한다 해도 지구의 대기 시스템상으로 볼 때 지구의 기온은 금세기 중반까지 산업화 이전보다 섭씨 1.5도가량

예상에 따르면, 우리는 2047년에 "역사적으로 전례 없는" 기후와 맞닥뜨리게 된다.[14] 나사와 일을 한 적이 있는 기후학자 제임스 핸슨James Hansen은 우리 앞에는 종말론적 미래-전 세계 연구자가 동의하고 있는 비관적 미래관-가 기다리고 있다고 주장했다.[15]

이 카산드라들은 하나같이 지구 기후의 급속한 변화로 대규모의 격변이 일어날 것이라는 예측을 내놓고 있는데, 이 암울한 전망은 엄청나게 많은 과학적 데이터에 의해 뒷받침되고 있다. 지구온난화는 파멸에 관한 오래된 우화의 최신 버전도, 히스테리도 아니다. 지구온난화는 부정할 수 없는 사실이다. 그리고 지구온난화와 관련해 무엇이라도 할 수 있었던 때는 이미 지나가 버린 것이 분명해 보인다. 많은 정책 전문가, 기후학자, 국가 안보 관료의 견해에 따르면,

상승할 것이며 이상고온 같은 기후변화 영향은 이제 불가피할 것임을 보여주는 증거들이 갈수록 늘어나고 있다." World Bank, Turn Down the Heat:Confronting the New Climate Normal, ⅹⅶ.

14 Camilo Mora, et al. "The projected timing of climate departure from recent variability", Nature 502(October 10, 2013), 183-187. 186.

15 James Hansen, "Game Over for the Climate", New York Times, May 9, 2012.

중요한 것은 지구온난화가 사실인가 혹은 지구온난화를 어떻게 막을 것인가가 아니라 우리가 만든 이 뜨겁고 급변하는 세계에서의 삶에 어떻게 적응할 것인가다.

이 새로운 세계를 지칭하는 이름이 있다. 인류세Anthropocene(안드로포신). 이 단어는 고대 그리스어에서 비롯된 단어다. 가장 최근의 지질 시대인 신생대에 속하는 모든 시기는 영어로 '신-cene'이라는 접미사로 끝난다. 이 접미사는 카이노스Kainós에서 유래한 것으로 새롭다는 뜻이고, 안드로포스Anthropos는 인간이라는 뜻이다. '인류세'라는 단어에는 지구의 지질학적 역사에서 새로운 시기, 인류가 지질학적 힘으로 등장하는 시기에 진입했다는 생각이 깔려 있다.[16] 이 용어는 2000년에 생물학자 유진

16 "인류세라는 용어는 첫째, 지구가 현재의 지질 시대인 홀로세에서 벗어나고 있는 중이라는 것. 둘째, 그렇게 되는 데 주된 원인이 인간의 활동이라는 것, 즉 인류 자체가 전 지구적인 지질학적 힘이 되었다는 것을 함축한다." Will Steffen, Jacques Grinevald, Paul Crutzen, and John McNeill, "The Anthropocene: conceptual and historical perspectives", Philosophical Transactions of the Royal Society 369: 1938(March 2011), 842-867

슈퇴르머Eugene Stoermer와 노벨화학상 수상자 파울 크뤼첸Paul Crutzen이 처음 제안했다. 그 후 이 용어는 지구온난화에 의한 변화가 수백 년 정도가 아니라 수천 년 동안 전 세계의 기후와 생물다양성, 나아가 지질 구조 자체에까지 영향을 줄 것이라는 증거가 점차 쌓이면서 널리 받아들여졌다.[17] 2백여 년 전 탄소 시대가 시작될 무렵에 윌리엄 블레이크William Blake가 한 예언적인 말에 따르면, "인간의 세대들은 시간의 흐름 속에서 끊임없이 이어지나/ 운명에 사로잡혀 있는 그들의 모습은 변함없이 영원히 그대로"다.[18]

지질 시대를 구분 짓는 '황금 못'을 박는 책임을 지고 있는 지질학자 모임인 국제층서위원회International Commission on Stratigraphy는 인류세를 "지구 역사의 척도에서 의미가 있는" 더 숙고해볼 만한 용어로 인정했으며 인류세가 어떤 수준의 지질학적 시간 척도이고 언제 시작되었다고 볼 수 있는지

17 Paul J. Crutzen and Eugene F. Stoermer, "The Anthropecene", Global Change Newletter: International Geosphere–Biosphere Programme Newsletter 41 (May 2000), 17–18

18 William Blake, Milton, f.20, Ⅱ. 15–25, The Poetical Works of William Blake, ed. John Sampson (London: Oxford University Press, 1908).

논의 중이다.[19] 인류세는 홀로세Holocene처럼 세epoch인가? 아니면 칼라브리아절Calabrian Age 같은 절age인가? 그것은 산업혁명이 시작된 1800년 무렵에 시작되었는가? 아니면 20세기 중반에 대가속Great Acceleration과 함께 시작되었는가? 혹은 농업이 시작된 1만 2천 년 전 무렵에 시작되었는가? 아니면 1945년 7월 16일에 최초의 원자폭탄과 함께 시작되었는가?[20]

언제 시작되었건 간에, 인류세는 지금 우리가 살고 있는 세계다. 불과 몇 세대 안에 지금보다 평균 기온이 화씨 7도 상승하고, 해수면이 최소 3~10피트 상승하고, 전 세계적으로

19 Colin N. Waters, Jan A. Zalasiewicz, Mark Williams, Michael A. Ellis and Andrea M. Snelling, "A stratigraphical basis for the Anthropocene?" Geological Society, London, Special Publications 395 (2014), 1-21. Jan Zalasiewicz, et al., "Stratigraphy of the Anthropocene", Philosophical Transactions of the Royal Society 369:1938 (March 2011), 1036-1055

20 이 주제를 연구하는 대표적인 학자들은 인류세의 시작 시점을 정하는 최선의 '황금 못'으로 1945년 7월 16일이 적절할 것이라고 주장한다. Jan Zalasiewicz, et al., "When did the Anthropocene begin? A mid-twentieth century boundary level is stratigraphically optimal", Quaternary International (forthcoming, online January 12, 2015). doi:10.1016/j.quaint.2014.11.045. www.sciencedirect.com/science/article/pii/S1040618214009136

곡창 지대, 식물의 생장기, 인구 중심지가 바뀌게 될 것이다. 지금 대량의 온실가스 배출을 중단하지 않으면, 몇백 년 내에 인류는 지구가 3백만 년 전의 플라이오세Pliocene –지금보다 해수면이 75피트(22.8미터 정도) 높았다– 이래 경험한 적 없는 기후에서 살게 될 것이다. 일단 해저와 영구동토층 아래에 있는 메탄 하이드레이트가 녹기 시작하면, 얼마 안 돼 우리는 지구의 남극과 북극 지방이 열대였던 5천 6백만 년 전경의 팔레오세-에오세 최대온난기Paleocene-Eocene Thermal Maximum와 비슷한 온실 기후에서 살고 있을 수 있다. 오늘날 세계 경제의 근간인 농업, 해운업, 에너지 네트워크는 붕괴의 위기에 처해 있고, 생물권에서는 개체 수의 대량 감소가 진행 중이며, 종으로서의 우리 자신은 소멸 가능성에 직면하고 있다. 앞으로 천 년 뒤에도 호모 사피엔스가 살아남아 있다면, 그때의 세계는 우리가 지난 20만 년 동안 알고 있던 것과는 완전히 다른 세계일 것이다.

이 완전히 낯선 세계에 적응하기 위해서는 과학적 보고서와 군사 정책 이상의 것이 필요하다. 새로운 생각이 필요하다. 새로운 신화, 새로운 이야기, 현실에 대한 새로운 개념적 이해가 필요하고, 탄소 기반 자본주의가 상품화와 동화同化를 통해 파괴하고 있는 인간 문화의 뿌리 깊은 다언어적 전통과의 새로운 관계가 필요하다. 자본주의를 넘어, 자본주의에 맞서 우리의 집단적 삶을 바라보는 새로운 사고방식이 필요하다. '우리'가 누구인지에 대한 새로운 시각이 필요하다. 인문학에 대한 새로운 관심에 기초한 새로운 철학적 휴머니즘이 필요하다.

물론 해양 산성화, 사회의 대변동, 멸종 같은 것은 언어학적 분석, 난해한 토론, 책의 여백에 기록된 글 등을 좋아하는 인문학자들이 다루기에는 적합하지 않은 문제로 보일 수 있다. 이를테면 임마누엘 칸트Immanuel Kant나 프란츠 파농Frantz Fanon의 사상에 대한 연구가 이산화탄소를 줄이는 데 무슨 도움이 되겠는가? 대상 지향 존재론과 역사적 유물론 간의 논쟁이 벌 때 폐사 장애로부터 꿀벌을 보호할 수 있겠는가? 고대 그리스의 철학자, 중세의 시인, 현대의 형이상학자가 인도양의 바닷물에 침범당하는 방글라데시의 상황을 막아줄 수 있겠는가?

아닐 것이다. 하지만 인류세가 제기하는 개념적이고 실존적인 문제는 언제나 인문학적 탐구의 핵심에 있던 문제들이다. 인간이란 무엇인가? 삶이란 무엇인가? 진리란 무엇인가? 선이란 무엇인가? 인류세의 세계에서는 개체의 유한성에 대한 질문-죽음 앞에서 내 삶은 어떤 의미가 있는가-이 상상할 수 없을 만큼 보편적인 질문이 된다.[21] 환경철학자 데일 제이미슨Dale Jamieson의 말처럼 "인류세는 의미 있는 삶을 살기 위한 새로운 과제를 제시"한다.[22] 역사가이자 사상가인 디페시 차크라바티Dipesh Chakrabarty는 지구온난화는 "우리를 권리 이론들이 언급하지 않고 주체 개념 비판이 생각해본 적 없는 인간적인 것에 대한 생각으로 안내한다"고 주장한다.[23] 우리가 이야기하고 있는 것이

21 최근에 이안 보컴Ian Baucom은 이렇게 쓰고 있다. "나는 '시대 구분을 피하는 것은 불가능하다'는 프레드릭 제임슨의 금언을 꽤 오랫동안 존중해왔다. 그렇지만 탈식민주의적 연구나 비판 이론, 아니 인문학 일반이 자본만이 아니라 탄소와 관련해서도, 근대와 탈근대만이 아니라 피피엠으로도 날짜만이 아니라 섭씨로도 시대 구분을 해야 했다는 생각은 최근까지도, 내 머릿속에는 없었다." Ian Baucom, "History 4°:Postcolonial Method and Anthropocene Time", Cambridge Journal of Postcolonial Literary Inquiry 1:1 (March 2014), 123-142. 125

22 Dale Jamieson. Reason in a Dark Time:Why the Struggle Against Climate Change Failed-And What It Means for Our Future(New York:Oxford University Press, 2014), 185

23 Dale Jamieson. Reason in a Dark Time:Why the Struggle Against Climate Change Failed-And What It Means for Our Future(New York:Oxford University Press, 2014), 185

윤리학이나 정치학이든 존재론이나 인식론이든 우리가 알고 있는 세계의 종말과 대결한다는 것은 우리가 이미 알고 있는 견해와 우리 안에 깊이 스며들어 있는 우선순위에 맞선다는 것을 의미한다. 10만 년 동안의 생태학적 재앙에 비하면, 소비자의 선택이 무슨 의미가 있는가? 대규모 살육이나 문명의 붕괴 앞에서 하나의 생명이 무슨 의미가 있는가? 피할 수 없는 종말의 위협 속에서 어떻게 의미 있는 결정을 내려야 하는가?

이런 질문은 논리나 경험으로 답할 수 있는 것이 아니다. 그래프나 수치로 표현될 수도 없다. 그것들은 철학적 문제들이다. 몽테뉴Montaigne의 주장처럼 "철학을 한다는 것이 죽는 법을 배우는 것"이라면, 우리는 인류 역사상 가장 철학적인 시대에 진입했다. 왜냐하면 죽는 법을 배우는 것이 바로 인류세의 문제이기 때문이다.[24] 그런데 문제는 우리가 개인이 아니라 문명으로서 죽는 법을 배워야 한다는 것이다.

24 Michel de Montaigne, Essays and Selected Writings, trans. Donald M. Frame (New York:St. Martin's Press, 1963), 9

죽는 법을 배우는 것은 쉬운 일이 아니다. 이라크에서 복무할 때, 죽을지도 모른다는 생각에 무서웠다. 통계상으로 나는 비교적 안전한 편이긴 했지만, 바그다드는 극도로 위험해 보였다. 총알 세례와 박격포 세례를 받고 사제폭발물의 공격을 받았지만, 우리는 최첨단 방탄조끼를 입고 있었고 훌륭한 위생병이 있었으며 인류 역사상 가장 강력한 군대의 일원이었다.[25] 부상을 입을 수도 있겠지만 살아서 집으로 돌아갈 확률이 높았다. 그러나 임무 수행을 위해 차를 타고 부대의 철조망 밖으로 나가는 매일매일, 나는 험비의 거울 속에서 텅 빈 어두운 구멍을 보았다.

시몬 베유Simone Weil는 1939년에 전쟁에 관해 성찰한 『일리아스 또는 힘의 시Iliad, or the Poem of Force』에서 이렇게 말한다. "군인에게는 죽음이 미래, 그의 직업이 그에게 부과한 미래다. 하지만 죽음이 미래라는 생각은 자연이 싫어하는 것이다. 일단 전쟁이 시작돼 자신이 언제든 죽을 수 있다는 사실을 분명히 알게 되는 순간, 우리는 날마다 죽음의 얼굴을 마주 보고 살아갈 수밖에 없다."[26] 나는 험비에 달린

25 Shout out to Smokey and Stretch, C Battery, 1/94FA medics

거울의 어둠 속에서 그 얼굴을 보았다. 나는 나를 응시하는 그 시선에 거의 꼼짝할 수 없었다.

나는 내가 나아갈 길을 옛날 책에서 발견했다. 18세기 야마모토 츠네토모山本常朝가 쓴 사무라이 교본인 『하가쿠레葉隠』에는 다음과 같은 조언이 실려 있다. "죽음의 불가피성에 대한 명상을 날마다 수행하라."[27] 나는 이 조언을 마음속 깊이 새겼고 종말을 두려워하는 대신 종말을 인정하기를 실천했다. 매일 아침 험비 정비를 마친 후, 폭탄이 터지고 총에 맞고 불이 붙고 탱크에 치이고 개들에게 물어뜯기고 사로잡히고 참수당하는 것을 머릿속으로 상상했다. 그러고는 철조망 바깥으로 나가기 전에, 나는 이미 죽은 몸이므로 더 이상 두려워할 필요가 없다고 스스로에게 말하곤 했다. 중요한 것은 모든 동료가 살아 돌아오도록 최선을 다하는 것이었다.

26 Simone Weil, "Iliad, or the Poem of Force", War and the Iliad, trans. Mary McCarthy (New York: The New York Review of Books, 2005), 22

27 Yamamoto Tsunetomo, Hagakure: The Book of the Samurai, trans. William Scott Wilson (New York:Kodansha International, Ltd., 1979), 164. It was Jim Jarmusch's spooky, beautiful film Ghost Dog:Way of the Samurai (1999) that brought Tsunetomo to my attention.

군인으로서의 내가 살아남기 위해서는, 나 자신의 죽음의 불가피성을 받아들이는 법을 배워야 했다. 마찬가지로 인류가 인류세에 살아남기 위해서는, 현재 문명의 종말과 함께 살아가고 현대 문명의 종말이 끝날 때까지 살아가는 법을 배워야 한다. 변화, 위험, 갈등, 투쟁, 죽음은 삶의 과정이고, 우리는 그것들을 피할 수 없다. 우리는 그것들을 받아들이고 적응하는 법을 배워야 한다.

인간의 마음은 원래 자신의 종말이라는 생각에 저항한다. 마찬가지로 문명의 역사도 재앙을 향해 맹목적으로 행진해왔다. 인간들은 내일도 오늘과 비슷할 것이라고 믿도록 생겨 먹었기 때문이다. 이런 삶의 방식, 이런 현재의 순간, 이런 사물의 질서가 불변적이고 영구적이지 않다는 사실을 떠올리는 것은 결코 쉬운 일이 아니다. 우리가 영원히 지금처럼 존재할 수 있을 것이라는 믿음을 보여주는 행위를 전 세계에서 볼 수 있다. 석유를 태우고, 바다를 오염시키고, 다른 생물종을 절멸시키고, 대기 중으로 탄소를 배출하고, 불길함을 예고하는 우리의 탄광 카나리아들의 침묵을 무시하면서 새로운 디지털 상상극장에 끊임없이 올라오는 기계적 트윗에 '좋아요'를 눌러댄다. 하지만 개인적 유한성의 현실이 영속성에 대한 피상적 믿음에 충격을 주듯, 전 지구적 기후변화의 현실은 영구 성장과 끊임없는 혁신과 무한한 에너지라는 우리의 집단적 환상을 계속 방해할 것이다.

인류세가 제기하는 최대의 문제는 국방부가 어떠한 자원 전쟁 계획을 세워야 하는가, 맨해튼을 지키기 위해 제방을 세워야 하는가, 언제 마이애미를 포기해야 하는가가 아니다. 그 문제는 차를 사거나 에어컨을 끄거나 협약에 서명하는 것으로 해결되지 않는다. 우리가 마주하고 있는 최대의 문제는 철학적인 것이다. 그것은 이 문명이 이미 죽었다는 것을 이해하는 것이다. 상황을 더 빨리 직시하고 우리를 구하기 위해 할 수 있는 일이 없다는 것을 빨리 깨달을수록, 죽음의 불가피성을 겸허히 받아들이면서 새로운 현실에 적응하는 힘든 임무에 더 빨리 착수할 수 있다.

탄소 연료 자본주의는 좀비 시스템이다. 게걸스럽게 먹어대지만 아무것도 낳지 못하는 좀비 시스템. 이 공격적인 단일 재배는 놀랍도록 치명적일 뿐만 아니라 유독하고 식인적이고 자기파괴적인 것임이 입증되었다. 그것은 그 자체로도 지속 불가능하지만, 파멸적인 기후변화에 대한 대응으로서도 지속 불가능하다. 다행히도 인간들이 자신의 삶을 조직할 수 있는 길이 탄소 기반 자본주의만 있는 것은 아니다. 인류사는 우리가 부적응적인 의미 체계와 경제적 분배 체계를 포기할 수 있고, 불확실성과 위협에 맞서 복원력 있는 사회 기술을 발전시킬 수 있고, 낡은 사회적 실천을 새로운 생활 형식으로 바꿀 수 있다는 것을 반복적으로 보여주었다. 탄소 연료 자본주의의 붕괴와 인류세의 새로운 세계 속에서 인간의 생존은 인간 집단이 축적해놓은 문화적 기술을 보호, 유지, 재가공하면서 낡은 생활 방식을 사라지게 만든 우리의 능력에 달려 있다. 혁신하고 적응할 능력은 현존하는 것이든 폐기된 것이든, 외국의 것이든 가까이에 있는 것이든 지적 생산의 거대한 유산–이누피아트Inupiat(알래스카 북부에 사는 에스키모인–역자주)와 이슬람교, 헤라클레이토스Hērakleitos와 장자, 토라Torah와 부처, 『연방주의자 논설Federalist Papers』과 『공산당 선언Communist Manifesto』 등–에서 필요한 것을 뽑아낼 수 있는 능력에 달려 있다. 탄소 연료 자본주의는 실로 놀라울 만큼 자유주의적 다문화주의를 낳았다. 하지만 우리가 이 자본주의의 죽음의 고통에서 살아남는다면, 관용은 국지적 정체성, 현지 시간, 특정한 장소를 뛰어넘어 존재하는 인간 공동체에 대한 믿음을 바탕으로 보존과 종합으로 발전해야 한다.

내가 이 책에서 하려는 말은 우리는 지구온난화를 막는 데 실패했다는 것, 우리가 알고 있는 전 지구적 자본주의 문명은 이미 끝났다는 것, 그러나 우리가 인간의 한계와 일시성을 근본적 진리로 받아들이고 우리의 집단적 문화유산의 다양성과 풍부함을 살리려 노력한다면 인류세의 새로운 세계에 적응할 수 있다는 것이다. 죽는 법을 배운다는 것은 개인의 차원에서는 우리의 성향과 두려움을 버린다는 것이지만 문명의 차원에서는 특정한 생활 방식과 정체성, 자유, 성공, 진보에 대한 특정한 생각을 버린다는 것이다. 죽는 법에 대한 이 두 가지 배움의 길은 멈춰 서서 성가신 질문을 던지는 사람, 개입하고 간섭하는 사람, 다른 채널로 그리고 더 느리고 더 깊은 리듬으로 공명하는 사람, 다시 말해 휴머니즘 사상가에게서 하나로 합쳐진다.

이 책은 이야기의 형식을 취하고 있다. 하지만 어떤 사람에 대한 이야기는 아니다. 기후변화는 하나의 이야기로 다루기에는 너무 큰 문제다. 그리고 기후변화가 제기하는 문제는 우리에게 '시각적 사고Picture-Thinking'에서 벗어나 특정한 장소나 특정한 삶, 혹은 특정한 시간을 뛰어넘어 존재하는 인류라는 하나의 집단에 대한 의식을 만들어낼 것을 요구한다. 이 책은 자신의 유한성에서 자신을 알게 되는 인간 영혼에 관한 이야기다. 이 이야기는 우리와 지구 기후와의 원초적 관계가 시작된 가장 심원한 근원에서 시작된다. 1장 인간적 생태학은 우리의 현재와 현재의 곤경을 매개로 그 관계를 추적한다. 2장 사악한 문제는 우리가 처해 있는 곤경을 고찰한다. 탄소 연료 자본주의와 그것의 기술 유토피아적 이데올로그Ideologues는 무한 성장과 무한 혁신을 약속했지만 그것들 스스로가 만들어낸 재앙에서 우리를 구원하지는 못했다. 탄소세부터 지구공학까지 기후변화에 대한 다양한 '해결책'이 제시되었지만 효과가 있어 보이는 것은 단 하나도 없는데, 그 이유 또한 살펴본다.

전 세계가 기후변화를 다루는 데 실패한 것은 기본적으로 집단 행위의 문제, 다시 말해 정치적 문제다. 3장 탄소 정치에서는 우리가 기후변화에 하나의 집단으로서 대응하는 데 실패한 것이 우리의 정치 체제들의 구조적 결과라는 것, 그리고 우리의 정치 체제가 석유와 가스의 탈중심적 흐름을 중심으로 세워져 있는 데서 비롯된 결과라는 것을 살펴본다. 우리의 정치적 욕구를 조직하고 우리의 정치적 의지를 억압하는 저 정치 체제의 저변에는 물질적 역사가 있을 것이다. 인간이라는 동물은 무리 지어 이동하는 거대한 엘크 떼와 마스토돈 떼를 뒤쫓는 사냥꾼 무리로부터 곡물을 수확하는 농업 제국들, 그리고 화석 연료를 태우는 지구적 자본주의에 이르기까지 시간이 갈수록 권력 생산을 위한 복잡한 사회적 기술을 발전시켰고, 그와 함께 집단생활의 복잡한 기술 또한 발전시켰다. 권력 생산 기술이 변함에 따라, 권력을 분배하고 통제하는 기술도 변화했다. 오늘날 지구적 권력은 극소수가 움켜쥐고 있으며, 그들이 지배하는 체제는 우리 모두를 파괴할 가능성이 있다. 이를 염두에 두면서 탄소를 연료로 사용하는 데서 비롯된 기후변화가 초래하고 있는 집단적 위험을 살펴볼 것이다. 다만 이번에는 실존적 위협에 대한 인간들의 반응, 즉 싸울 것인가 도망칠 것인가를 중심으로 집단적 위험에 대해 살펴볼 것이다. 4장 투쟁의 강박에서는 죽음에 대한 두려움과 인류세에서 갈등의 불가피성을 고찰한다. 인간이라는 동물이 무한히 완전해질 수 있다는 진보주의적 믿음은 무엇보다도 탄소 연료 자본주의의 무한한 경제 성장에 대한 약속에 의존하고 있다. 우리의 한계를 인정한다는 것은 우리의 타고난 공격성과 회피 불가능한 유한성을 받아들인다는 것이다.

그러나 우리는 죽는 법을 배움으로써 미래를 위한 새로운 가능성과 접속되고 새로운 가능성을 열 수 있다. 이것이 5장 새로운 깨달음의 주장이다. 우리는 두려움과 반작용의 사회적 회로를 차단하고 죽음의 얼굴을 깊이 들여다보고 『길가메시 서사시Epic of Gilgamesh』와 『바가바드 기타Bhagavad Gita』에서부터 인류세의 미래에 대한 상상에 이르기까지 우리에게 축적되어 있는 풍부한 문화적 기술을 발전시킴으로써 우주와 인간적 관계를 맺음으로써 기생적 소비자가 아니라 공동 창작자로서 살게 될 것이고 우리의 모든 권력의 궁극적 원천인 빛으로 사는 법을 배우게 될 것이다.

전 지구적 기후변화의 위기, 자본주의의 위기, 오늘날 대학에서의 인문학의 위기는 모두 탄소를 연료로 사용하는 전 지구적 자본주의 문명의 자살적 탈진이라는 동일한 위기의 상이한 측면이다. 이 문명이 살아남을 가능성은 사실상 거의 없으며, 인간이라는 종이 살아남을 확률 또한 희박하다. 우리 자신이 처해 있는 곤경은 설령 우리가 다룰 수 있는 것이라고 해도 제대로 다루기는 너무 힘들다는 사실이 밝혀질 것이다. 그러나 독일 철학자 페터 슬로터다이크Peter Sloterdijk의 말처럼 "어떤 것이 힘들다고 해서 그것을 피하는 선택을 할 수 없는 조건에서 자신들에게 버거운 과제를 맞이하게 되는 것이 인간이라는 존재의 특징"이다.[28] 우리는 우리의 운명에서 도망칠 수 없다. 우리의 미래는 공포, 격분, 부정이 아니라 인내와 성찰과 사랑으로 미래를 대면할 수 있는 능력에 달려 있다.

우리의 선택지는 분명하다. 우리는 새로운 재앙이 닥칠 때마다 늘 그랬듯이 내일도 어제와 다를 바 없는 듯 행동할 수 있다. 재앙에 대한 준비는 더 소홀히 하고 지속 불가능한 생활에 갈수록 더 필사적으로 매달릴 수 있다. 그게 아니면 매일매일을 그 전날의 죽음으로 보는 법을 배울 수 있다. 현재가 제공하는 어떤 문제든 애착이나 두려움 없이 다루기 위해 우리 자신을 자유롭게 하는 법을 배울 수 있다.

인류세에서 사는 법을 배우고 싶다면, 죽는 법부터 배워야 한다.

28 Peter Sloterdijk, "Rules for the Human Zoo:a response to the Letter on Humanism", trans. Mary Varney Rorty, Environment and Planning D: Society and Space 27 (2009), 12-28. 24

인간적 생태학

1

흙은 흙에게서 빼앗았느니, 비애에 잠긴 흙을,

흙은 다른 흙을 흙에게로 이끌었느니,

흙은 흙으로 빚은 구유에 흙을 눕혔느니,

그리하여 흙은 흙 가운데 흙을 충분히 가졌느니.

– 중세 영국의 작자 미상의 서정시[1]

최초의 현생 인류는 약 20만 년 전 열대 아프리카에서 원인原人인 호미니드Hominidae로부터 진화했다. 그때도 지구는 극심한 기후변화를 겪고 있었다.[2] 지구는 오늘날보다 평균 화씨 3.5도 정도 낮았고, 얼마 지나지 않아 평균 화씨 5~9도가량 더 낮아진다. 지구의 기후는 몹시 춥고 건조하고 혹독했다. 북반구는 남쪽으로 오하이오주, 잉글랜드, 독일, 북중국까지 두께가 2.5마일(약 4킬로미터)이나 되는 광대한 빙상으로 뒤덮여 있었다. 지구 표면의 30퍼센트가 빙하로

1 MS Harley 2253, f.59v, British Library, London. www.bl.uk/catalogues/illuminatedmanuscripts/ILLUMIN.ASP?Size=mid&IllID=19740. Thanks to D. Vance Smith for introducing me to this haunting lyric

2 Richard G. Klein, The Human Career: Human Biological and Cultural Origins, 3rd edition (Chicago: University of Chicago Press, 2009), 615

덮여 있던 셈이다. 바다는 지금보다 270피트(약 82미터) 이상 낮았다. 우리는 이 세계에서 최초로 진화했고 살아남는 법을 배웠다.

우리 조상들은 작은 무리를 지어 이동하던 잡식의 사냥꾼이자 채집가였고 오랜 세월 적도 부근의 아프리카에서 살았다. 그러다 13만 5천 년 전 무렵에 지구 기온이 현재보다 평균 화씨 5도가량 상승하자, 조상들은 열대지방을 떠나 당시에는 초목으로 뒤덮여 있던 온대 지역인 사하라Sahara의 초원으로 향했다. 당시 지구는 지질학자들이 간빙기間氷期라고 부르는 시기였다.[3] 지질학적으로 간빙기는 훨씬 오래 지속되는 빙기와 빙기 사이에 존재하는 온난기로 10만 년마다 찾아와 1만 년가량 지속되고 끝난다.

사하라에 살던 우리 조상에게도 간빙기의 끝이 찾아왔다. 간빙기가 시작되고 몇천 년이 지나자 기온이 떨어지면서 전보다 훨씬 추워졌다(지금보다 화씨 7~10도 정도 낮았다). 빙하는 또다시 적도까지 이어졌고 바다는 줄어들었다.

3 간빙기가 생기는 것은 지구가 태양 주위를 돌면서 세차운동을 하는 과정에서 지구의 궤도 요소들이 변화하기 때문이다.

사하라를 초록으로 물들였던 습기 머금은 온기는 사라졌고, 우리의 사냥꾼이자 채집가 선조들은 뿔뿔이 흩어졌다. 일부는 남쪽의 열대 아프리카로 되돌아갔고, 일부는 동쪽의 나일강 계곡과 그 너머로 갔으며, 일부는 북쪽의 지중해 주변과 유럽으로 이동했다. 유럽으로 간 조상들은 가까운 사촌인 네안데르탈인Neanderthal Man과 함께 생활하고 교배했으며 결국에는 그들을 멸종시켰다. 수천 년 넘게 지속된 오랜 겨울이 끝나고 이런저런 기후변화로 인해 기온이 수십 혹은 수백 년 동안 약간 오르락내리락하는 가운데 사냥꾼 인간 무리들은 아시아까지 퍼져나갔고 마침내 베링 육교Bering Land Bridge를 지나 아메리카 대륙으로 건너갔다.

지금으로부터 10만 년 전과 5만 년 전 사이에 해당하는 이 시기에 우리는 우월한 포식자가 되는 데 실질적으로 가장 크게 기여한, 문화와 상징적 추론이라는 사회적 기술을 발전시켰다.[4] 이러한 발전은 우리가 네안데르탈인을 절멸시키고 혹독한 겨울에서 살아남는 데 기여했을 뿐만 아니라 호미니드에게 물려받았던 기초적인 도구 사용을

4 Klein, The Human Career, 645

사냥꾼 크로마뇽인Cro-Magnon Man의 복잡한 기술-여러 겹으로 된 겨울 옷, 맘모스 뼈로 지은 집, 재봉용 바늘, 끄트머리가 사슴뿔 모양인 창, 종교의식, 정교한 부족 조직 등-로 전환시키는 데에도 이바지했다. 그다음 지금으로부터 약 5만 년 전에서 1만 년 전까지, 후기 구석기 시대의 인간들은 진정한 문화 폭발을 경험했다. 그들이 남긴 유물은 거의 모든 면에서 조상의 것보다 더 발전된 기술, 더 다양하고 정교하고 세련되고 아름다운 기술을 보여준다. 그중에는 순전히 미적인 목적으로만 만들어진 도구, 즉 예술 작품도 있다.[5]

허리케인 카트리나가 뉴올리언스를 강타하기 1만 5천 년 전 무렵에 지구는 다시 간빙기에 진입해 더워지기 시작했고, 기원전 1만 1천 년경에는 가장 극심하면서 가장 급속한 온난화가 발생했다. 인간들은 촌락, 기초적인 수준의 동물 사육, 전보다 계획적인 채집 체계를 발전시키기 시작했다. 빙하가 녹은 물이 대서양으로 흘러들어 멕시코 만류Gulf Stream를 차단함으로써 발생하는 영거 드라이아스Younger Dryas라는 국지적 한랭기는 1천 년 동안 유럽에는 혹한을,

5 Ibid., 656-659

서남아시아에는 가뭄을 가져왔다.[6] 고고학자 브라이언 페이건Brian Fagan에 따르면, 사막 가젤을 사냥하고 나무 열매를 따고 야생초를 채집해 생계를 이어가던 유프라테스강 유역의 사람들은 이 가뭄 때문에 호밀, 렌즈콩 등의 곡물 경작을 시작하게 된 것이 거의 확실하다.[7] 영거 드라이아스가 끝나고 멕시코 만류가 원래 상태로 돌아가고 난 뒤인 기원전 9천 년 무렵 농업혁명이 시작되었다. 신석기 인간들은 유럽에서 남미에 이르기까지 흩어져 살면서 홀로세의 온화한 기후 속에서 사냥하고 유목하고 채집하고 경작하고 번성했다.

몇천 년 뒤 캐나다 로렌타이드 빙상Laurentide Ice Sheet의 붕괴는 해수면의 급격한 상승을 가져왔고 영거 드라이아스 때처럼 대서양의 멕시코 만류를 차단했다. 춥고 건조한 기후가 유럽과 서남아시아까지 내려갔다. 이 추운 가뭄은

6 그린란드와 북극의 빙하가 녹은 물이 북대서양으로 밀려들면, 오늘날에도 같은 일이 벌어질 수 있다. Stefan Rahmstorf, et al., "Exceptional twentieth-century slowdown in Atlantic Ocean overturning circulation", Nature Climate Change (March 23, 2015).

7 Here and throughout this chapter I rely heavily on Brian Fagan, The Long Summer: How Climate Changed Civilization (Cambridge, MA: Basic Books, 2004)

멕시코 만류가 원래 상태로 돌아가기 전까지 4세기 동안 지속되었다. 티그리스강과 유프라테스강이 합류하는 습지에서 농부들은 홍수를 통제하고 작물의 수확량을 높이기 위해 용수로를 건설했다. 마을은 소도시로 성장했고, 이 소도시에 사는 사람들은 제방 시스템을 건설하고 유지한다든가 홍수와 곡물 수확량을 기록한다든가 곡물을 수확한다든가 하는 데 필요한 힘들고 복잡한 집단적 노력을 다루기 위해 고투하는 과정에서 정확한 분업, 위계적 정치 구조, 세련된 종교 등을 발전시키기 시작했다. 사원과 시장이 세워졌다. 상인은 한 소도시에서 다른 소도시로 상품을 운반했고, 사제는 날씨와 종자의 생육에 대한 지식을 축적하면서 권력을 축적했다. 우르Ur, 에리두Eridu, 우루크Uruk 등의 정착지들은 촌락 집단에서 수만 명이 사는 대도시로 성장했다. 가뭄과 인구 성장, 그리고 갈수록 심화되어가는 농업 집중이 서로 복잡하게 상호작용한 결과, 도시와 그 주변을 근거지로 한 인간 사회-이른바 '문명'-가 오늘날의 레바논에서 시리아와 이라크를 거쳐 페르시아만Persian Gulf까지 활 모양을 이루는 비옥한 초승달 지역에서 출현했다. 기원전 3100년경에서 기원전 2200년 무렵까지 처음에는 수메르의 왕들이, 이후에는 아카드의 왕들이 메소포타미아 전역에 퍼져 있던 활기 가득한 집단 생활을 지배했다. 그러나 3백 년간 이어진 가뭄이 이 지역을 강타하면서 저 활력 넘치던 제국은 무너졌다.[8] 강력한 우루크는 황폐해졌다.

8 Fagan, 141-145. See also H.M. Cullen, P.B. deMenocal, S.Hemming, G. Hemming, F.H. Brown, T. Guilderson and F. Sirocko, "Climate change and the collapse of the Akkadian empire: Evidence from the deep sea", Geology 28 (2000), 379-382; and H. Weiss, M.A. Courty, W. Wetterstrom, F. Guichard, L. Senior, R. Meadow and A. Curnow, "The Genesis and Collapse of Third Millennium North Mesopotamian Civilization", Science, New Series 261: 5124 (August 20, 1993), 995-1004 아카드 제국의 붕괴에 대한 전통적인 정치적 설명은 '구티족Guti' 혹은 '구티움Gutium' 사람들에 의한 침략을 이야기한다. 조르주 루Georges Roux는 "아카드 제국을 정복해 거의 백 년 가까이 메소포타미아를 지배한 구티족에 대해서는 알려진 것이 거의 없다. 수메르 왕의 목록을 보면 '구티움 왕국'에 스물한 명의 왕이 있었다고 하나 비문이 남아 있는 것은 다섯 명뿐이다. 다른 자료에서도 이에 관한 언급이 전혀 없다는 사실을 함께 고려할 때, 이 시기가 정치적으로 불안하고 문화적으로 쇠퇴했던 시기임을 뜻한다"라고 했다. George Roux, Ancient Irag (London: George Allen & Unwin Ltd., 1964), 155. 이 시기는 여전히 안개에 싸여 있다. "아카드 왕조가 언제 종말을 맞았는지에 대해 여러 설이 있다. 이 기간이 얼마나 이어졌는지는 확실하지 않으며, 남은 기록이 거의 없기 때문에 아카드 왕조와 제3우르 왕조 사이에 있었던 일을 재구성하기는 힘들다." Nicole Brisch, "History and chronology", The Sumerian World, ed. Harriet Crawford (New York: Routledge, 2013), 122

고대 우루크와 오늘날의 이라크 사이에는 약 5천 년의 세월이 존재한다. 이는 그리스, 로마, 당 왕조, 몽골 칸국, 제2차 세계대전, 휴대폰의 발명, 그리고 〈매드 맨Mad Men〉 시즌 7까지 적어도 기록된 인류 역사를 거의 전부 포함하는 기간이다. 만일 지구상에서의 인류의 삶을 하루라고 치면, 기록된 역사 5천 년은 자정 직전의 30분 정도에 해당한다. 인류가 지상에 출현해 살아온 20만 년이라는 시간의 99.9퍼센트 동안, 지구의 평균 기온은 화씨 61도를 넘은 적이 한 번도 없었고 이산화탄소 집중도가 300피피엠을 넘은 적도 결코 없었다. 그동안 우리는 거의 모든 에너지를 광합성 과정에서 획득했다. 우리의 에너지원은 대부분 식물성 음식이었다. 식물성 음식은 물방아와 풍차 같은 기술을 통해 얻은 수력과 풍력을 얼마간 이용하기도 하고 미미한 수준에서 석탄과 석유를 이용하기도 했지만 대부분은 인간이 직접 힘을 써서 혹은 이용한 뒤에 잡아먹는 동물에게 일을 시켜서 혹은 나무 같은 바이오매스를 이용해 획득했다.

그러다 1781년에 제임스 와트James Watt가 연속 회전식 증기기관을 발명했다. 이제 동력은 동물이나 자연력과 상관없이 어디에든 설치할 수 있는 것이 되었고 연속적으로 제공될 수 있었다. 증기 터빈은 바람이나 물, 동물 노동과 비교할 수 없을 정도로 에너지 생산의 효율을 높였지만, 최대의 에너지 생산을 위해서는 고밀도로 작열하는 연료가 필요했다. 와트는 운이 좋았다. 영국 전역에는 연료로 쓸 수 있는 화석화된 탄소, 즉 석탄이 잔뜩 매장되어 있었다.

산업용 석탄은 모든 것을 바꿔놓았다. 인류가 지상에 존속한 전체 기간의 0.1퍼센트에 불과한 지난 2백 년 동안 우리가 사용해온 에너지는 대부분 직접적인 광합성에서 온 것이 아니라 화석 연료 속에 저장되어 있는 탄소 에너지에서 온 것이었다. 광합성 기반 에너지 경제가 탄소 기반 에너지 경제로 바뀌면서, 인간의 부는 상상할 수 없었을 정도로 증가했고 디젤 연료를 사용하는 트랙터, 프리츠 하버Fritz Haber의 질소 고정법을 이용해 만든 질소 비료, 베서머강, 철도, 증기선, 비행기, 발전소, 플라스틱 공학, 내연기관, 자동차 같은 기술들을 통해 전 세계적으로 생활 수준이 높아졌다. 또한 지구에 존재하는 생명체에게 영향을 주는 물리적 시스템의 거대한 변화가 시작되었다. 그 결과 수백만 톤의 탄소가 땅에서 공기 중으로 배출되면서 지구의 기후, 생물권, 지질학 등에 심대한 변화를 만들어냈다. 대기 중 이산화탄소 농도는 평균 290피피엠에서 400피피엠 이상으로 치솟았는데, 이는 2백만 년이 넘는 장구한 시간 동안 지구에서 존재한 적이 없는 수치였다. 대기 중 메탄 농도도 770피피비에서 1,800피피비 이상으로 증가했는데, 이는 최소한 80만 년 전 이후로 가장 높은 수치였다.[9] 이 변화는 태양 주위를 도는 지구 궤도의 영향하에 있는 기후 패턴을 교란시켰는데, 이런 일은 앞으로 수천 년 동안 이어질 것이다.

우리의 행성에 생명체가 존속할 수 있는 것은 태양 에너지가 지구에 도달할 때 그중 일부의 열이 대기 중에 붙잡히기 때문이다. 이런 일이 일어나도록 돕는 것이 이산화탄소, 메탄, 수증기, 아산화질소 등의 온실가스다. 온실가스는 복잡한 지구물리학적 항상성에 필수적이다. 지구물리학적 항상성은 지금까지 수백만 년에 걸쳐 '온실' 상태와 '빙고' 상태 사이를 오락가락했다. 에오세에서 최후로 찾아온 심각한 온실 상태 동안, 지구에는 얼음이

9 See US Environmental Protection Agency, "Atmospheric Concentrations of Greenhouse Gases," figure 2. www.epa.gov/climatechange/science/indicators/ghg/ghg-concentrations.html.

얼지 않았다. 남극에서 북극에 이르기까지 지금보다 최대 화씨 20도가 더 높은 열대였으며 이산화탄소 농도는 지금의 최대 열 배였다. 바다는 300피트 더 높았다. 거대한 체구의 파충류와 몸집이 아주 작은 포유류가 풀이 우거진 숲속을 돌아다녔다. 무게가 1톤이 넘고 길이가 40피트나 되는 뱀, 몸집이 개만 한 작은 말, 날렵한 체형의 고양잇과 포식자, 여우원숭이 같은 영장류가 활동했다. 악어와 야자나무가 북극권을 따라 번성했다. 온실 상태는 5천만 년 전의 일이었다. 그 이후 지구는 냉각되었고 250만 년이 넘는 동안 '빙고' 상태에 있었다. 우리가 이 빙고 상태를 너무 일찍 종결시키고 있는 것이 분명하다.

호모 사피엔스가 지구상에 출현하고 처음 6만 년 동안 지구 온도는 지금보다 화씨 5~9도 낮았는데, 이는 오늘날의 시카고와 뉴욕까지 빙상으로 뒤덮여 있었다는 것을 의미한다. 화씨 5~9도는 앞으로 몇 세대 동안 지구 기온이 상승할 것으로 예상되는 수치와 일치한다. 이는 그리 높은 수치가 아닌 것처럼 들린다. 기온은 계절과 지역에 따라 매일 화씨 5~9도 이상 변하고 훨씬 더 많이 변하는 경우도 많기 때문이다. 하지만 이 수치가 지구의 평균 기온을 말하는 것이라면, 이야기가 완전히 다르다. 지구의 평균 기온이 화씨 5~9도 상승한다는 것은 여름에는 북극에 얼음이 얼지 않는다는 것을 의미한다. 산악 빙하는 거의 사라지고, 그와 함께 설괴빙원, 수많은 개천도 거의 사라지고 스키도 탈 수 없게 된다. 이상기후는 농업 체계, 식물과 동물의 서식지, 사회 기반 시설을 대혼란 속으로 몰아넣을 것이다. 그리고 우리는 더 극단적인 기온 변화, 더 높은 습도, 점차 늘어나는 집중 강우, 더 강력하고 오래 지속되는 폭풍우, 극심한 가뭄과 씨름해야 하고 제트기류, 엘니뇨 남방진동El Niño-Southern Oscillation, 멕시코 만류 등 전에는 안정적이던 기후 역학에서 발생하는 예측 불가능한 변화와 씨름해야 할 것이다. 생태계가 너무 빠른 속도로 변화하는 바람에 수많은 종이 적응도 이주도 하지 못하고 멸종할 것이고, 산호초도 같은 운명을 맞이할 것이다.

더 중요한 것은 지구 기온이 평균 화씨 5~9도 상승하면 해수면이 90~200피트 높아진다는 사실이다. 그런 일이 정확히 언제 일어날지는 누구도 확언할 수 없다. 만일 얼음이 녹는 속도가 느리면, 2100년까지 해수면은 단지 몇 피트 정도만 높아질 것이다. 만일 얼음이 녹는 속도가 빨라서 그린란드 빙상이 녹게 되면, 앞으로 수십 년 안에 해수면이 20~30피트(약 6~9미터) 상승하게 될 것이다. 빙상은 이미 이론적 모델이 예측한 것보다 더 빨리 녹고 있으며, 지금까지 아주 빠른 속도로 빙상이 녹아왔다는 증거가 있다. 녹는 얼음이 많을수록 남아 있는 얼음이 더 빨리 녹는 피드백 현상이 그것이다. 지금 언급한 요인들은 해수면의 급속하고 예측 불가능한 상승이 충분히 가능하다는 것을 의미한다. 제임스 핸슨은 "경험적 데이터는 자연적인 빙상 해체가 1세기당 수 미터의 해수면 상승을 가져올 만큼 급속히 진행될 수 있다는 것을 보여준다"고 주장한다.[10] 느리든 빠르든 간에, 해수면 상승은 현대 문명에 재앙이 될 것이다. 저지대 연안 도시에 살고 있는 수억 명의 사람들은 홍수의 위협뿐만 아니라 높아진 해수면과 더 습해진 기후와 더 강력해진 폭풍의 조합으로 인해 더 잦은 폭풍 해일의 위협도 받게 될 것이다.

상황은 점차 악화되고 있다. 화씨 5~9도 정도의 지구온난화는 '지금까지 늘 해오던 대로 할 경우'에 그렇다는

10 Hansen, Storms, 50

것인데, 사실 그렇게 되지 않을 가능성이 매우 높다. 특히 중국과 인도의 인구 증가와 탄소 소비 급증은 최근 수십 년 동안 그랬듯이 앞으로 85년 동안 탄소 쓰레기의 양이 증가하리라는 것을 의미한다. 전 지구적 기후 시스템에서의 피드백 역학은 기온을 훨씬 더 빨리 증가시킬 것이다. 캐나다와 시베리아의 영구동토층이 녹으면서 대기 중 이산화탄소 농도가 대폭 증가할 것이고 지구온난화 가능성이 최대 80퍼센트까지 증가할 것이다.[11] 앞서 말했듯, 영구동토층에 얼어붙어 있고 해저 퇴적층에 갇혀 있는 메탄 하이드레이트가 분출하는 바람에 과열된 지구는 영장류 호모 사피엔스가 살기에 부적합한 곳일 수 있다.

우리의 조상인 호미니드는 지구가 전반적으로 식어가던 시기에 진화했고, 현생 인류는 오늘날 우리가 살고 있는 기후보다 추운 빙하 기후에서 진화했다. 우리가 알고 있는 문명은 기원전 1만 년 전쯤에 시작해 최근까지 이어진 아주 길고 온화한 간빙기 동안에 발전했다. 플라이스토세[Pleistocene Epoch] 후기의 천 년 간의 빙하기가 끝나고 나서 찾아온

11 Archer, 130

홀로세는 일종의 에덴동산이었고, 영리하고 적응 능력을 갖춘 동물인 인류는 이런 조건을 이용했다. 인류 문명은 지난 65만 년 가운데 기후가 가장 안정되어 있던 기간에 번성했다.[12] 하지만 탄소 연료 산업 문명 때문에, 이 번성기는 끝났다.

12 Ibid., 95

사악한 문제

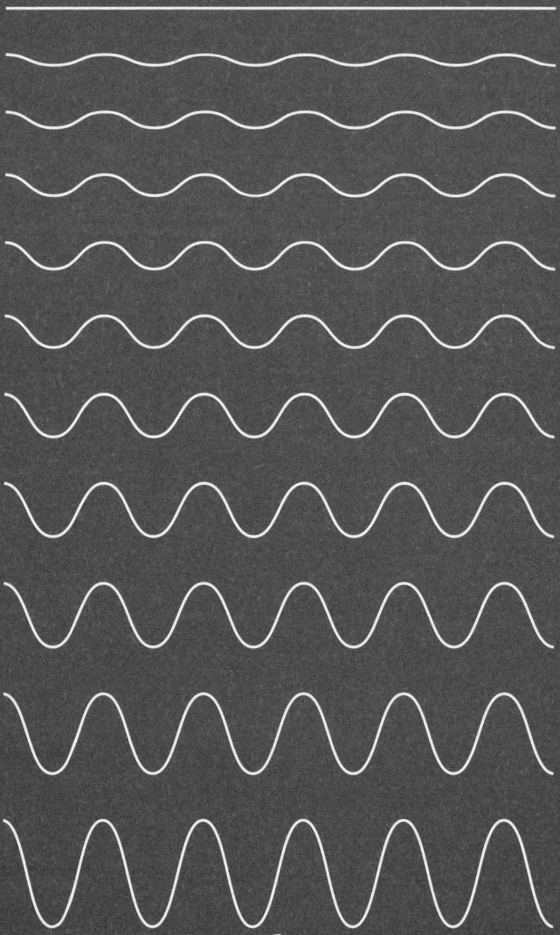

2

나는 이 백조를 본 적이 있고
너를 본 적이 있다. 다양한 형태들에서 이해력 없는
야망을 본 적이 있다.

– 메리앤 무어Marianne Moore의 「비평가와 감식가Critics and Connoisseurs」 중에서

4천 년 전 우루크에서와 마찬가지로 오늘날의 이라크에서도 인간들은 기후변화의 영향을 받으며 살아간다. 오늘날 이라크는 강우량과 산악 설괴빙원이 감소하고 있는데, 이는 결국 티그리스강과 유프라테스강이 말라가고 있다는 것을 의미한다. 이 문제는 새로운 댐의 건설과 물 사용량의 증가에 더해 터키와 이란, 시리아가 이라크로 흘러드는 물을 빼돌리는 바람에 심화되고 있다. 가뭄, 사담 후세인Saddam Hussein의 메소포타미아 습지 배수, 오랫동안의 전쟁과 방치 그리고 지역 농산물보다 수입품에 유리한 신자유주의적 경제 정책 등으로 인해 농지가 황폐해지면서 사막화가 증가했고, 사막화는 이라크의 도시와 농작물에 큰 피해를 입히는 모래 먼지 폭풍을 초래하고 있다.[1]

물론 오래전에 붕괴된 우루크의 상황과 현재 위기가

진행 중인 이라크의 상황 사이에는 많은 차이가 있다. 가장 중요한 차이는 우루크와 달리 이라크의 상황은 인간이 만든 것이라는 사실이다. 또한 기원전 2200년에 기후변화의 공격을 받은 수메르인이 할 수 있었던 것이라고는 곡식을 배급하고 기도하는 것뿐이었지만, 오늘날에는 전 세계의 중앙 정부와 지방 정부가 정부간기후변화협의체, 유엔기후변화협약UNFCCC(United Nations Framework Convention on Climate Change), 세계은행, 국제에너지기구IEA(International Energy Agency), 세계무역기구WTO(World Trade Organization) 같은 국제기구들과의 협력 속에 방대한 자원, 고도로 훈련된 수천 명의 과학자와 엔지니어의 지식, 수십만 명의 헌신적인 활동가, 관심 있는 시민들의 지지하에 지구온난화 문제와 대결하고 있다. 그렇다고 해도 우루크인과 마찬가지로 우리도 임박한 재앙으로부터 자신들을 구해낼 능력은 없어 보인다.

기후변화에 대한 과학적 연구는 19세기 초로 거슬러

1 V. Sissakian, N. Al-Ansari, and S. Knutsson, "Sand and dust storm events in Iraq", Natural Science 5:10 (2013), 1084-1094

올라간다. 당시의 지질학자와 박물학자는 한때 지구의 많은 지역이 빙하에 덮여 있었음을 암시하는 자료들을 해석하고자 했다. 그 후 물리학자와 화학자가 지구 대기의 구성과 역학을 이해하고자 노력하면서 기후변화에 대한 과학이 발전했다. 1875년 스웨덴의 과학자 스반테 아레니우스Svante Arrhenius는 이산화탄소 농도와 대기 온도 간의 밀접한 관계를 입증했고, 오늘날 이야기되고 있는 온실효과를 이론화했으며, 광범위한 석탄 연소가 지구 온도의 상승을 가져올 수 있다고 주장했다.[2] 1950년대와 1960년대에는 산업공해가 지구 기후에 미치는 영향이 많은 과학자에 의해 연구되었는데, 그 가운데 찰스 데이비드 킬링Charles David Keeling은 대기 중 이산화탄소가 증가하고 있음을 분명히 보여주었다. 그는 하와이에 있는 마우나로아 관측소Mauna Loa Observatory에서 이산화탄소 농도를 기록해 유명한 '킬링 곡선Keeling Curve'을

2 Svante Arrhenius, "On the Influence of Carbonic Acid in the Air upon the Temperature of the Ground", The London, Edinburgh, and Dublin Philosophical Magazine and Journal of Science, Fifth Series 41:251 (April 1896). 1895년 12월 11일 스웨덴 왕립과학아카데미에 제출된 논문에서 발췌.

찾아냈다. 이후 30년이 넘는 기간 동안 인간에 의한 지구온난화의 증거가 쌓였고, 마침내 1980년대 후반에 이르러 과학적 합의가 이루어졌다.

1988년 전미항공우주국 우주연구소National Air and Space Administration's Institute for Space Studies 소장 제임스 핸슨은 미국 상원에 출석해 지구가 더워지고 있는 것은 분명하며 "온난화 추세는 자연적 변화가 아니라 대기 중에 이산화탄소와 기타 인공 가스들이 증가하면서 생긴 것"이라고 증언했다.[3] 같은 해 기후변화 문제에 관해 유엔에 보고하고 조언하는 기구인 정부간기후변화협의체가 세워졌고, 1992년에는 가입국에게 온실가스 방출을 안전 수준에서 안정화시킬 것을 권유하는 유엔기후변화협약이 채택되었다. 유엔의 모든 회원국은 1992년에 유엔기후변화협약에 서명했고 대부분의 회원국이 1995년까지 비준을 완료했지만, 이 협약에는 분명한 감축 목표도, 목표 달성 여부를 추적 관찰하기 위한 실행 가능한 메커니즘도, 협약의 준수를 강제할 수 있는 구속력 있는

3 Philip Shabecoff, "Global Warming Has Begun, Expert Tells Senate", The New York Times, June 24, 1988.

권한도 명시되어 있지 않았다.

이후 수십 년 동안 유엔기후변화협약에 서명한 2백여 개 국가가 제각기 방출 목표치를 정했으나 추적 관찰이나 실질적 집행에 대한 합의에는 이르지 못했다. 거듭된 당사국 총회는 책임의 결여, 미국, 중국, 인도의 비타협적 자세, 실현 가능한 계획 없이 세워진 거창한 목표, 언쟁 등으로 인해 스스로의 무게를 견디지 못하고 침몰했으며, 전 지구적 권력 정치는 실패를 거듭했다. 그러는 사이 전 지구적으로 온실가스 방출이 1990년 이후로 35퍼센트 증가했는데, 이는 주로 북미와 아시아에서 에너지 소비가 팽창하면서 생긴 이산화탄소 쓰레기에 의한 것이었다.[4]

지구온난화가 통제 불가능한 수준으로 가속하지 못하게 막을 수 있는 확실한 길은 이산화탄소 쓰레기의 배출을 당장 중단하는 것이다. 정부간기후변화협의체의 단호한 주장은 다음과 같다.

4 US Environmental Protection Agency, "Climate Change Indicators in the United States: Global Greenhouse Gas Emissions" (updated May 2014). www.epa.gov/climatechange/science/indicators/ghg/global-ghg-emissions.html

"이산화탄소의 총량이 제한되고 결국에는 이산화탄소 배출이 0에 근접할 경우에만 기후변화가 줄어들고 지구 기온이 안정될 수 있다."[5]

오늘날 대기와 바닷속의 이산화탄소만으로도 지구는 이미 산업혁명 이전보다 적어도 화씨 2~3도 따뜻해진 상태이고 앞으로 화씨 5~6도까지 오를 수도 있다. 더군다나 차에 시동을 걸거나 휴대폰을 충전하는 것만으로도 이산화탄소의 총량은 증가한다. 지금 당장 이산화탄소 배출을 금지한다고 해도, 우리는 수 세기 동안 심각한 기후 영향에 시달리게 될 것이다. 그런데도 지구 정치의 현실을 고려할 때, 이산화탄소에 대한 포괄적이고 실행 가능한 전 세계적 금지는 불행하게도 순진한 환상일 뿐이다.

그렇다면 다른 해결책은 어떤가? 이산화탄소 배출을 줄이는 것은? 우리 경제를 탈탄소화하고 석탄과 석유를

5 Intergovernmental Panel on Climate Change, Working Group Ⅲ, "Chapter 7: Energy Systems", Climate Change 2014: Mitigation of Climate Change: Working Group Ⅲ Contribution to the Fifth Assessment Report of the Intergovernmental Panel on Climate Change (New York: Cambridge University Press, 20140, 527. www.ipcc.ch/pdf/assessment-report/ar5/wg3/ipcc_wg3_ar5_chapter7.pdf

재생 가능한 에너지나 원자력으로 대체하는 것은? 탄소세는? 탄소배출권거래제, 탄소 포집과 격리, 탄소 추출, 지구공학은? 이런 계획이 우리가 임계점에 도달하기 전에 이산화탄소 배출을 종식 혹은 감축하거나 최소한 완화하는 데 도움이 될 수 있을까? 아니면 이미 너무 늦었는가?

이산화탄소 쓰레기 배출을 제한하고 최종적으로 중단시킬 수 있는 가장 확실한 길은 탄소 기반 화석 연료에 대한 의존을 끝내는 것, 즉 지구 전체를 탈탄소화하는 것이다. 문제는 지구적 탈탄소화가 지구적 자본주의와 사실상 양립 불가능하다는 데 있다. 자본주의는 투자를 촉진하기 위해 이윤을 생산해야 하고, 이윤을 생산하려면 성장이 필요하다. 그런데 지구적 경제 성장은, 아니 기본적인 경제적 안정(사람들이 건강한 삶에 필수적인 저렴한 주택, 생활 임금, 유급병가, 자녀 돌봄 등의 자원을 갖는 것을 의미한다-역자 주)조차도 값싸고 효율적인 에너지에 의존한다.

대체 에너지원 없이 지구 경제를 탈탄소화한다는 것은 전 세계 전력의 80퍼센트가량이 사라진다는 것을 의미한다. 그렇게 되면 1929년의 대공황을 판매 부진 시즌으로 보이게 만들 정도의 전 세계적인 경제 붕괴가 초래될 것이다. 대체

에너지의 뒷받침을 받는 전 세계적 탈탄소화는 극렬한 반대까지는 아니지만 여전히 환영받지 못하고 있다. 가장 신뢰할 만한 연구들에 따르면, 이산화탄소 농도를 비교적 낮지만 여전히 위험 가능성이 존재하는 정도의 수준으로 안정화하는 데만도 장기적인 경제적 내핍이 예상된다. 예를 들어 포츠담기후영향연구소Potsdam Institute for Climate Impact Research에 따르면, 이산화탄소 농도를 450~500피피엠(이는 섭씨 2도로 온난화를 유지하기 위한 상한선에서 100~200피피엠 정도가 넘는 수치다)에서 안정화시키기 위해서는 세계 경제의 성장을 무기한 감속하거나 아니면 마이너스 성장을 하든가 하는 식으로 기본적으로 대침체Great Recession를 무한정 연장해야 한다.[6] 오늘날 무엇보다도 경제 권력이 세계적 위상의 핵심 지표라는 점을 고려할 때 지구상에서 탄소 배출량 감축을

6 "정부간기후변화협의체 4차 평가보고서가 이산화탄소 환산량을 550피피엠에서 안정시키기 위해 채택한 모델의 추정에 따르면, 2050년에 GDP는 약간 증가할 수도 있고 최대한 4퍼센트까지 손실을 기록할 수도 있다. 스턴 보고서는 이산화탄소 환산량을 500~550피피엠에서 안정시키려 할 경우 -2~5%의 GDP 손실이 있을 것이라고 보고한 바 있다." Ottmar Edenhofer, et al., RECIPE (Report on Energy and Climate Policy in Europe): The Economics of Decarbonization (2009). www.pik-potsdam.de/members/edenh/publications-1/recipe_report.pdf

받는 대신 경제 성장을 선뜻 내어줄 사람은 아무도 없을 것이다.[7] 오늘날 유럽 국가를 공포로 몰아넣고 있는 강제 긴축의 정치적 움직임은 탄소 긴축 체제하에서 닥칠 일의 맛보기에 지나지 않는다.

정부간기후변화협의체의 기후변화 감소에 관한 2014년 보고서는 세계 경제의 성장을 불과 0.06 퍼센트 정도 낮추기만 해도 최악의 지구온난화를 피할 수 있다고 미약한 희망을 내비친다.[8] 또한 투자 방향을 석유와 석탄의 생산에서 재생 가능한 에너지, 원자력, 탄소 포집과 격리에 대한 연구와 발전 쪽으로 돌리면 전 세계 GDP에서 약간의 손실만 보면서 30~40년 내 탈탄소화가 가능할 것이라고 주장한다. 이 보고서의 주장이 옳을 수도 있지만, 정부간기후변화협의체의 수치는 어디까지나 사변적 추측일

7 로저 피엘케 주니어는 이를 가리켜 기후 정책의 '철의 법칙'이라고 부른다. "경제 성장에 초점을 맞춘 정책이 방출 감축에 초점을 맞춘 정책과 대결하면 언제나 경제 성장이 이긴다." Roger Pielke Jr., The Climate Fix: What Scientists and Politicians Won't Tell You About Global Warming (Basic Books: New York 2010), 46

8 Intergovernmental Panel on Climate Change, "Summary for Policymakers", Climate Change 2014: Mitigation of Climate Change

뿐 과학적 예측이 아니다. 이 보고서가 제시하고 있는 수치의 근거가 되는 재생 가능한 에너지 기술과 탄소 포집 기술은 아직 개발 중이고, 더군다나 아직까지 그런 기술이 충분한 차이를 만들 만큼 큰 규모로 실현될 수 있는지, 그리고 탄소 연료에 비해 비용이 얼마나 더 들 것인지 우리는 알지 못한다. 정부간기후변화협의체의 탈탄소화 관련 수치에 대해서는 이미 정치가 데이터에 과도한 영향을 미치고 있다는 지적부터 이론적 모델 자체에 경제적 영향을 과소평가하는 편향이 있다는 지적까지 여러 비판이 제기되었다.[9]

뿐만 아니라 오랜 세월에 걸쳐 세워진 전 세계의 에너지 인프라를 완전히 개조하는 것은 결코 간단한 일이 아니다. 에너지 분석가인 바츨라프 스밀Vaclav Smil은 다음과 같이 말한다.

9 Example. Nafeez Ahmed, "IPCC reports 'diluted' under 'political pressure' to protect fossil fuel interests", The Guardian, May 15, 2014. Dimitri Zenghelis, "Richard Tol's flawed claims about the Stern Review", Business Spectator, April 9, 2014. www.theaustralian.com.au/news/richard-tols-flawed-claims-about-the-stern-review/news-story/1280eb4b84e486078e3e9843dd81c4a1 Biofuelwatch, et al., "IPCC support for 'false solutions' denounced by climate justice activist", joint press release, April 13, 2014. www.biofuelwatch.org.uk/2014/ipccwg3-joint-pr

"화석 전력원에서 비화석 전력원으로 이행하는 것이 흔히 알고 있는 것보다 더 어려운 이유가 다섯 개 있다. 그것은 이동 규모, 대체 연료의 저에너지 밀도, 재생가능 에너지 추출의 저출력 밀도, 재생 가능한 공급flows의 간헐성, 재생 가능한 에너지원의 불균등 분배다."[10]

탄소를 배출하지 않거나 배출을 최소화하는 새로운 에너지 인프라 시스템을 개발하고 실행하는 일이 가능하다고 해도 수십 년이 걸릴 텐데, 우리에게는 그럴 시간이 없다.[11] 지금으로부터 20년 뒤인 2035년도 늦다. 그러니 지금은 이미 너무 늦었다.

전 세계적 에너지 인프라를 탈탄소화하고 재구성하는 과정에서 직면하는 또 하나의 중요한 문제는 재생 가능한 청정 전력을 공급할 주요 후보인 태양력과 풍력이 심전도

10 Vaclav Smil, Global Catastrophes and Trends: The Next 50 Years (Cambridge, MA: MIT, 2008), 82

11 "Substituting one form of energy for another takes a long time". Vaclav Smil, "A Skeptic Looks at Alternative Energy", IEEE Spectrum June 29, 2012. See also Arnulf Grübler, Nebošja Nakićenović, and David G. Victor, "Dynamics of energy technologies and global change", Energy Policy 27 (1999), 247-280

기기나 인공호흡장치가 작동하거나 경보음을 울리거나 서버들이 데이터를 고속 처리하거나 하는 데 필요한 기본 에너지를 충분히 공급할 수 있다고 장담하기 어렵다는 것이다. 저널리스트이자 역사가인 귄 다이어Gwynne Dyer는 다음과 같이 쓰고 있다.

"전기와 관련된 핵심적이고 대단히 까다로운 점은 전기는 사용될 바로 그 순간에 만들어져야 한다는 것이다. 이것은 전기 공급 담당자들에게 중요한 문제를 초래한다. 왜냐하면 전력 수요가 몹시 유동적이어서 여름철 포근한 주말의 하루와 한겨울의 추운 저녁은 세 배나 차이가 나기 때문이다."[12]

더 나아가 태양력과 풍력의 약점은 가변적인 수요의 문제 외에 가변적 공급의 문제도 안고 있다는 것이다. 태양력과 풍력은 날씨에 의존하는데, 날씨는 날마다, 시간마다 극적으로 바뀐다. 다이어는 다음과 같이 적고 있다.

"안 그래도 심하게 요동치는 수요에 대응하느라 애를 먹고 있는 대규모 송전망 관리자들은 이제 예측 불가능한

12 Gwynne Dyer, Climate Wars (Toronto: Random House, 2008), 134

공급 변화까지 다루라는 요구를 받고 있다. 그런데 그들이 할 수 있는 일에는 한계가 있다. 이런 사실은 아직 많이 공론화되지 않고 있다. 왜냐하면 총 발전량에서 재생에너지가 차지하는 비율이 20퍼센트(최근에는 27퍼센트)에 근접한 국가라고 해야 독일과 덴마크뿐인데다, 대부분의 대규모 송전망 관리자들은 재생에너지가 저 수준을 넘는 것을 그다지 좋아하지 않기 때문이다.[13] 단기적인 바람 변동을 예측하는 더 좋은 프로그램이 있다면 그 비율을 50퍼센트까지 올릴 수 있다고 설득할 수 있겠지만 바람이 약해질 경우 전체 송전망에 주기적으로 문제가 생길 수 있다는 사실을 받아들일 각오가 되어 있지 않다면 그

13 최근 독일은 총 전기 생산량 중에서 태양광, 풍력, 수력, 바이오에너지 등을 비롯한 재생 가능한 자원이 차지하는 비율이 27퍼센트에 이르렀다고 대대적으로 선전했다. 하지만 여기에는 대가가 따른다. 독일의 산업 에너지 가격의 상승은 경제학자와 에너지 분석가의 우려를 자아내고 있다. 대니얼 예긴Daniel Yergin은 말했다. "현재 독일이 취하고 있는 고비용 에너지의 길은 세계 경제에서 독일의 경쟁력을 떨어뜨릴 것이고 일자리와 산업 투자를 어렵게 할 것이고 전체 경제와 가구 소득에 상당한 부담을 안겨줄 것이다." Matthew Karnitschnig, "Germany's Expensive Gamble on Renewable Energy", Wall Street Journal, August 26, 2014. www.wsj.com/articles/germanys-expensive-gamble-on-renewable-energy-1409106602

이상으로 갈 수 없다."[14]

이를 비판하는 이들은 재생 가능한 에너지가 탄소 연료에 대한 현실적 대안이 될 수 있는지 의문을 제기하면서 에너지 생산 비용이 너무 높다고 지적한다. 지구온난화 대책의 긴급성을 가장 거침없이 주장하는 과학자의 한 명인 제임스 핸슨조차도 회의적이다.

"대부분의 에너지 전문가들은 재생 가능 에너지가 예견 가능한 미래에 충분한 전력이 되지 못하리라는 데 동의한다. 또한 거의 탄소를 배출하지 않는 대규모의 기저부하 전력을 생산해내기 위해서는 현재로서는 단 두 개의 선택지가 있을 뿐이라는 데 많은 전문가가 의견을 같이한다. 하나는 탄소 포집 및 저장을 동반한 석탄이고, 다른 하나는 원자력이다."[15]

핸슨은 2013년에 세 명의 과학자와 함께 쓴 논쟁적인 공개서한에서 다음과 같이 말하고 있다.

"바람과 태양, 바이오매스 같은 재생 가능한 에너지원은

14 Dyer, 136. For Dyer's source data, see George Monbiot, Heat: How to Stop the Planet Burning (London: Allen Lane (Penguin), 2006), 100-123

15 Hansen, Storms, 193

미래의 에너지 경제에서 분명 여러 역할을 하겠지만 저렴한 가격의 전기를 세계 경제가 요구하는 규모로 확실히 공급할 수 있을 만큼 빠른 속도로 확대될 수는 없다. 원자력 없는 기후 안정화는 이론적으로는 가능할지 모르지만, 원자력이 실질적 역할을 하지 않는 현실적인 기후 안정화의 길은 없다."[16]

하지만 핵분열은 중차대한 난제인 핵 쓰레기 문제를 발생시킨다. 뿐만 아니라 이산화탄소 농도를 450피피엠 이하로 유지할 수 있을 만큼 탄소 배출을 줄이기 위해서는 앞으로 35년 동안 전 세계에 1만 2천 개가 넘는 원자력 발전소를 건설해야 하는데 이는 지금부터 2050년까지 새로운 원자력 발전소가 대략 날마다 하나씩은 생겨야 한다는 이야기나 다를 바 없다.[17] 실현 불가능한 이야기가 아니겠는가. 더군다나 스리마일섬Three Mile Island,

16 James Hansen, Ken Caldeira, Kerry Emanuel, and Tom Wigley, "Top climate change scientist's letter to policy influencers", CNN, November 3, 2013. www.cnn.com/2013/11/03/world/nuclear-energy-climate-change-scientists-letter

17 Pielke, 116

체르노빌Chernobyl, 후쿠시마福島에서 발생했던 재난이 원자력의 끔찍한 위험성을 여전히 상기시키고 있는 지금은 말이다.

그리고 세계의 모든 국가가 전 지구적 탈탄소화에 동의한다고 해도 실제로 지구적 탈탄소화를 어떻게 시행할 것인가 하는 문제가 남는다. 몇몇 나라는 실제로 탄소 사용을 줄일 수 있을 만큼 엄격한 탄소세를 시행해왔지만, 전 세계적으로 탄소 배출은 계속 증가하고 있다. 그렇다면 강제 시행의 문제를 해결해야 한다. 누가 미국, 중국, 러시아, 인도가 석탄과 석유를 사용하는 데 더 많은 돈을 내게 만들 것인가? 이를 위해서는 탄소 가격에 관한 국제적 합의가 필수적인데, 미국과 영국-경제적 이해관계를 같이할 뿐만 아니라 이산화탄소 배출의 오랜 역사를 가진 두 부국-의 과학자와 경제학자들은 탄소 비용을 톤당 몇 달러에서 수백 달러까지 달리 평가한다. 다시 말해 탄소 가격을 정하는 데 동의하지 않는다. 이를 감안할 때 탄소 가격에 대한 국제적 합의는 실현 가능성이 없어 보인다.[18] 이 문제에 대해

18 Michael Grubb, Jean-Charles Hourcade, and Karsten Neuhoff, Planetary

경제학자 마이클 그럽Michael Grubb은 다음과 같이 적고 있다.

"기후변화에 적용된 경제적 비용은 '이산화탄소 배출의 사회적 비용', 다시 말해 이산화탄소 방출 1톤당 발생할 손해를 정하는 것이다. 그런데 이미 밝혀졌듯이, 그 계산도 다른 모든 것만큼이나 불확실하다. 아니, 정확히 말하면 오히려 더 불확실하다. 경제적 비용은 서로 다른 견해가 충돌하는 세상에서 객관적 대답을 제공하지 못하고 사람들이 가지고 있는 가정과 가치를 반영할 수밖에 없다. 기후 정책은 '같은 기준으로 측정할 수 없는 편익 추정치'라는 난제와 씨름해야 한다. 세계 최고의 경제학자들도 이 문제를 어떻게 다루어야 할지에 대해, 심지어 다른 것은 제쳐두더라도 시간 경과에 따른 영향에 가중치를 어떻게 할 것인가 하는 한 가지 문제에 대해서조차 자신들 사이에서 합의에 이를 수 없다는 것을 인정하고 있다."[19]

오늘날 경쟁 관계에 있는 주민과 주민, 국가와 국가는 화석 연료 비축분에 대한 투자라든가 전 지구적 기후변화의

Economics: Energy, Climate Change and the Three Domains of Sustainable Development (New York: Routledge, 2014), 28

19 Ibid., 29

영향 등에서 극심한 불평등 상태에 있다. 이런 상황에서 그들이 이산화탄소 1톤의 가격을 얼마로 할 것인지에 관해 합의에 이를 가능성은 거의 없어 보이며, 그렇기에 엄격하고 보편적인 탄소세를 확립하는 것은 불가능해 보인다. 이런 태도가 너무 비관적이라고 생각할지도 모르겠다. 하지만 전 세계 이산화탄소 배출량의 48퍼센트를 차지하는 미국, 러시아, 중국이 탄소세를 도입하지 않고 있고 더군다나 그중 두 나라가 미국의 에너지 시장의 성장에 의존하는 화석 연료 수출국이라는 사실을 생각해보라. 게다가 탄소세는 화석 연료 생산자뿐만 아니라 유권자의 강력한 반대에도 직면하고 있다. 가장 대표적인 예로 오스트레일리아를 들 수 있다. 오스트레일리아는 2014년에 세계 최초로 자국 내의 탄소세를 폐지했다.

많은 사람은 탄소세 대신, 산성비 문제를 해결하는 데 도움을 주었던 것과 비슷하게 지구적 탄소배출권거래제를 통한 탈탄소화를 주장한다.[20] 탄소배출권거래제에서는

20 이산화황 오염(산성비)과 관련한 탄소배출권거래제의 역사에 대해 알고 싶으면 다음을 보라. Daniel Yergin, The Quest: Energy, Security, and the Remaking of the Modern World (New York: Penguin, 2011), 475-483

배출 한도가 처음 정해진 뒤 갈수록 점차 강화되며, 탄소 배출 국가는 탄소 감축 비용을 최소화할 수 있도록 서로 배출 크레디트를 거래할 수 있다. 그러나 노벨경제학상 수상자이자 전략이론가인 토마스 셸링Thomas Schelling은 탄소거래제가 효과가 없을 것이라고 단언한다. 그는 "인센티브의 중요성, 분명하게 규정된 의무, 거래의 장점 등을 잘 알고 있지만, 탄소 배출의 경우에는 그런 것을 이용한 제도를 생각할 수 없다"[21]라고 했다. 그가 내세우는 주된 이유는 쉽게 납득할 수 있는 것들이다. 첫째, 제대로 된 제도라면 한번에 10년씩이 아니라 수십, 수백 년에 걸쳐 누적적으로 배출권을 할당해야만 할 텐데 당장 앞으로 100년 동안의 배출 한도가 얼마가 되어야 하는지 또는 그 한도를 초과할 경우 지불해야 하는 비용을 어떻게 결정할 것인지에 관해 합의에 이를 길이 없다. 둘째, 처음 50년가량은 최종적인 누적적 한계치를 충족시킬 나라를 결정하기가 거의

21 Thomas C. Schelling, "What Makes Greenhouse Sense?" Strategies of Commitment and Other Essays (Cambridge, MA: Harvard University Press, 2006), 27-44. 36. 셸링의 저서에 관심을 갖게 해준 딕 네이버스Deak Nabers에게 감사를 드린다

불가능할 것이다. 셋째, 강제 집행에는 빈국과 부국을 가리지 않고 공평하게 처벌할 수 있는 독립적인 기구가 필요한데, 그런 집행 기구가 어떻게 작동하고 어디서 권위를 가져올 것인지 알기 힘들다. 셸링은 지적한다.

"지구온난화의 규모에 상응하는 규모로 처벌을 부과할 수 있는 국제적 제도 같은 것은 역사상 선례가 없다. 그런 것은 존재한 적도 없었고 존재를 생각하기도 힘들다."[22]

인신매매, 집단 학살, 고문, 화학무기의 사용, 침략 전쟁 등의 범죄 행위는 국제 협약으로 모두 금지되었지만 여전히 일어나고 있고, 그것도 대개는 그런 행위를 금지하는 조약에 앞장서 서명한 국가에 의해 자행되고 있다는 사실을 생각해보라. 탄소 배출 문제의 경우는 다를 것이라고 기대하는 것조차 무책임해 보인다.

사람들은 이산화탄소 배출을 규제하는 대신 이 문제를 덮어둘 공산이 크다. 실제로 이를 위한 기술적 해법으로 탄소 포집 및 격리(CCS)가 제시되고 있다. 탄소 포집 및 격리는 공장 굴뚝 꼭대기에 파이프를 설치해 이산화탄소

22 Ibid., 36-38

쓰레기를 포집한 다음에 땅속에 저장하는 방법이다. 문제는 탄소 포집 및 격리가 실질적인 차이를 만들어낼 만큼 지구적 규모로 발전할 가능성이 거의 없는 값비싼 새 기술이라는 점이다. 국제에너지기구에 따르면, 지구온난화를 화씨 7.2도 이하로 제한할 수 있을 만큼 탄소 포집 및 격리 기술이 발전하려면 전 세계적으로 1년에 최소한 50~60억 달러의 투자가 필요하다. 2013년에 탄소 포집 및 격리 기술에 대한 전 세계적 누적 투자액은 1년에 평균 20억 달러 정도에 지나지 않았다.[23] 국제에너지기구의 2009년 탄소 포집 및 격리 로드맵은 2020년까지 100개의 탄소 포집 및 격리 프로젝트가 시행되어야 한다고 했지만, 2013년까지 완성된 것은 네 개에 불과하고 건설 중인 것도 아홉 개뿐이다(2022년 현재 운영 중인 상업용 CCS 설비는 29개이며 건설 및 계획 단계의 설비는 전 세계 125개다_CCUS 기술, 글로벌 탄소중립 핵심 열쇠로 부상, 2022년 7월 12일, 송승온 기자, 「에너지플랫폼뉴스」 참조_편집자 주). 완성된 네 개의 프로젝트는 모두 합해 약 5천만 톤의

23 이 수치들은 IEA의 2013 보고서에서 가져온 것이다. International Energy Agency, Technology Roadmap: Carbon Capture and Storage, 2013. 10-11.

탄소를 저장했지만, 우리는 2012년 한 해에만 이 저장량의 2백 배에 이르는 이산화탄소를 대기 중으로 쏟아냈다.[24]

24 C. Le Quéré, et al. "Global carbon budget 2013". Earth System Science Data 6 (2014), 235-263. 253. www.Earth-syst-sci-data.net/6/235/2014/essd-6-235-2014.pdf. 키스 존슨Keith Johnson은 「월스트리트저널Wall Street Journal」에 기고한 글에서 국제에너지기구의 2009 로드맵이 안고 있는 가장 확연한 문제점 가운데 몇 가지를 짚었다. "이 보고서는 2050년까지 2조 5천억 달러에서 3조 달러의 추가 투자가 필요하다는 말로 시작한다. 이렇듯 조 단위의 숫자를 아무렇지도 않게 이야기하지만, 사실 정확한 비용은 측정하기 힘들다. 이를테면 이 보고서는 시작과 달리 몇 페이지 뒤에서는 전 세계의 모든 탄소 포집 프로젝트의 추가 비용을 5조 8천억 달러로 추산하고 있다. 게다가 2050년까지 전 세계에서 3천 4백 개의 탄소 포집 프로젝트를 추진하는 것은 물리적으로도 어렵다. 계획대로라면 21세기 중반까지 해마다 평균 85개의 프로젝트를 추진해야 한다. 대략 나흘에 하나씩 추진해야 하는 셈이다. 선발 주자들은 얼마 지나지 않아 저 속도를 맞출 수 없게 될 것이다. 대규모 탄소 포집 프로젝트를 만들어내고 진행하고 추진하고 테스트하고 의뢰하는 것을 상상해보라. 그다음에는 수백만 톤의 이산화탄소를 저장할 곳까지 찾아내야 한다. 저장 없는 탄소 포집은 무의미하니 말이다. 포집되는 탄소는 파이프라인을 통해 땅속으로 보내야 한다. 국제에너지기구의 계산에 따르면, 이 파이프라인은 길이가 36만 킬로미터는 되어야 효과가 있다. 이는 지구를 아홉 바퀴 도는 길이다." Keith Johnson, "Catch Me If You Can:Does the IEA's Carbon Capture Plan Make Any Sense?" The Wall Street Journal, October 14, 2009. blogs.wsj.com/environmentalcapital/2009/10/14/catch-me-if-you-can-does-the-ieas-carbon-capture-plan-make-any-sense

이보다 더 최근의 국제에너지기구 보고서를 보면, 앞으로 탄소 포집 및 격리가 잘될 것이라는 확신을 가질 수 없다. 국제에너지기구에서는 "시장들이 탄소 포집 및 격리 기술의 공익을 중시하지 않는 데다 그 기술을 먼저 채택하는 사람이 그 기술로 인한 이익을 충분히 차지할 수 없기 때문에, 현재로서는 민간기업이 이 기술에 투자할 상업적 인센티브가 거의 없다"라고 했다.[25] 정부가 인센티브를 제공하거나 규제를 가하지 않는 한, 탄소 포집 및 격리가 의미 있는 규모로 발전하거나 실행될 것이라고 볼 이유는 전혀 없다. 더욱이 석탄과 석유 회사들이 정치적으로 여전히 강력한 힘을 가지고 있는 한, 정부가 탄소 포집 및 격리를 지구온난화에 대한 실행 가능한 대응책으로 만들 만큼 강력한 조치를 취할 것이라고 볼 이유는 전혀 없다.

공장 굴뚝이 아니라 대기 중의 이산화탄소를 포집하는 기술도 해결책으로 제시되었다. 하지만 이 기술 역시 엄청난 비용이 필요할 뿐만 아니라 포집 및 격리 기술과 마찬가지로

25 International Energy Agency, Technology Roadmap: Carbon Capture and Storage, 21

아직 충분히 개발되지 않았다. 로저 피엘케 주니어Roger Pielke Jr.도 지적하고 있다. "현재는 공기 포집의 개념과 공기 포집에 필요한 에너지와 엔지니어링 비용을 입증할 만한 대규모 공기 포집의 전체 공정에 관한 실험 자료가 하나도 없다."[26] 물론 우리는 그런 기술을 연구하고 개발해야 하지만, 그것이 결코 빠르고 쉬운 해법이 아닐 뿐만 아니라 아예 현실화되지 못할 수도 있다는 것을 염두에 두어야 한다. 최후의 수단으로 기적을 기대하는 투기적인 기술적 해법에 의존할 시간은 이미 지났다. 지금 우리는 즉각적인 대응과 장기적인 적응을 요구하는 전 지구적 기후 비상사태와 사회적 위기의 한복판에서 살고 있다. 우리는 30~40년 뒤에 다가올 폭풍이 아니라 바로 오늘 다가오고 있는 폭풍에 대비해야 한다.

'태양복사관리Solar Radiation Management'라고도 하지만 대개는 '지구공학'이라는 더 그럴싸한 용어로 불리는 조잡한 방법으로 지구의 열을 식힘으로써 다가오고 있는 폭풍을 막을 수 있다고 믿는 사람들이 있다.[27] 기술적으로 가장 실현

26 Pielke, 135

27 셸링의 지적처럼 우리는 '지구공학'이라는 용어를 독특하게 사용한다. "'지구공학'이라는 용어는 부자연스러운 면이 있다. 예를 들어

가능성이 높은 이 계획은 매우 간단하다. 지구의 반사율을 높이기 위해 성층권에 유황 담요를 설치함으로써 더 많은 태양빛을 우주로 돌려보내 지구를 식힌다는 것이다. 이 계획은 작은 나라라든가 심지어 대기업도 실행할 수 있을 만큼 비용은 적게 들지만 심각한 결함이 있다. 성층권에 유황 에어로졸을 분사하는 것은 지구를 냉각시키기는 하겠지만 유황의 유독성 때문에 위험하다.

또한 이 기술은 오존층을 파괴할 수 있다.

만일 지구의 대기권 상층부에 항상 많은 황 에어로졸이 있었는데 언제부터인가 황 에어로졸과 이산화탄소가 때에 따라 증가했다 감소했다 하면서 온실효과 문제가 시작되었다면, 빛을 반사하는 물체와 적외선을 흡수하는 물체 간에 불균형이 있다는 것이다. 이 경우에는 이산화탄소를 감축하는 것이든 황을 증가시키는 것이든, 둘 다 부자연스럽게 보일 것이다. 하지만 북극의 빙하가 사라지도록 하기 위해 카본 블랙을 사용한다면, 그것은 지구공학이라고 볼 수 있을 것이다. 반면에 지구온난화로 북극의 빙하가 사라지게 그냥 방치한다면, 그것은 지구공학이 아니다. 겨울에 시에라산맥과 로키산맥에 눈이 더 많이 오게 해서 캘리포니아와 콜로라도의 급수량을 늘리고 스키장의 상태를 좋게 할 수 있더라도, 그것은 지구공학이 아니다. 만일 남극에 눈이 내리게 해서 그곳의 물을 저장해 해수면을 낮출 줄 안다면, 그것은 지구공학이다." Thomas Schelling, "The Economic Diplomacy of Geoengineering", Strategies of Commitment and Other Essays (Cambridge, MA: Harvard University Press, 2006), 45-50

게다가 높아진 반사율은 우리를 화산 폭발로 인한 낙진에 노출시킬 것이다. 만일 대기에 이미 유황 미세입자가 가득할 경우에는 피나투보Pinatubo 화산이나 에이야프야틀라이외쿠틀Eyjafjallajökull 화산 폭발로 추가된 에어로졸이 마치 1815년 탐보라Tambora 화산 폭발로 초래된 '여름 없는 해'처럼 엄청난 기온 저하를 가져올 수 있다. 이렇게 되면 농작물 수확에 치명적인 결과가 초래되어 광범위한 기근이 발생할 수 있다. 이처럼 대기 중에 유황을 분사하는 것은 안 그래도 온난화 때문에 이미 일어나고 있는 기후변화에 어떤 충격을 더할지 우리는 알지 못한다. 유황 때문에 검게 변한 구름이 오히려 더 많은 열을 흡수할 수도 있고, 얼음과 설원으로 떨어진 유황 미세입자가 다크 스노우 현상을 악화시켜 그린란드와 다른 곳에 있는 빙하가 녹는 것을 촉진할 수도 있다. 끝으로 가장 심각한 것은 황산 에어로졸 분사에 의한 냉각 효과가 오래가지 않는다는 사실이다. 더 많은 태양빛을 우주 공간으로 반사시키는 것은 온실가스라는 원인은 제쳐놓고 온난화라는 징후만을 다루는 것이다. 황산 에어로졸은 무거워서 지표면에 (그리고 우리와 농작물에) 내려앉으려 든다. 그렇다면 황산 에어로졸을 계속 대류권 위쪽으로 보내야 하는데, 이 경우 만일 제3차 세계대전 같은 일이 벌어져 황산의 분사가 중단되면 갑자기 지구 온도가 급등하는 상황이 올 수 있다.

지구온난화는 '사악한 문제'다.[28] 분명한 해결책이 없고 그저 더 나은 대응과 더 안 좋은 대응만 있을 뿐인 문제다. 가장 어려운 점 가운데 하나는 이 문제가 가장 복잡한 집단행동 문제라는 것이다. 이것은 하나의 도시나 국가로는 해결할 수 없는 문제다. 심지어 하나의 대륙 차원에서도 해결할 수 없는 문제다. 자국의 경제에서 대놓고 석유와 석탄을 몰아내려는 정치가는 어떤 종류의 민주 정부나 과두 정부에서도 결코 살아남지 못할 것이다. 왜냐하면 그렇게 하려면 엄격한 긴축 재정을 펼쳐야 하는데, 그것은 불경기와 유권자 대부분의 빈곤 아니면 부의 대대적 재분배를 의미하거나 혹은 둘 다를 의미할 것이기 때문이다. 더욱이 값싼 탄소에 대한 의존을 종식시키기 위해 긴축과 재분배를 강요한 지도자는 자국을 정치적, 경제적, 군사적으로 약하고

28 가장 유명한 것은 마이크 흄Mike Hulme의 주장이다. Mike Hulme, Why We Disagree About Climate Change: Understanding controversy, Inaction, and Opportunity (New York: Cambridge, 2009), 334-337

고립된 처지로 내몰게 될 것이다.

물론 전 세계는 지구온난화를 해결하기 위해 협력해야 한다. 그러나 탄소는 전 세계의 정치 기구가 작동할 수 있는 힘을 제공하고 오늘날 우리의 집단생활의 형태를 만들어내고 있다. 오늘날 전 세계의 많은 나라가 긴밀하게 통합된 하나의 경제로 연결되어 있는 것이 석탄과 석유 덕분이라는 것은 부정할 수 없는 사실이다. 탄소와 함께 건설되고 유지되고 있는 정보·에너지·수송 인프라 없이는 우리가 구하려는 지구 문명도 있을 수 없다.

탄소 정치

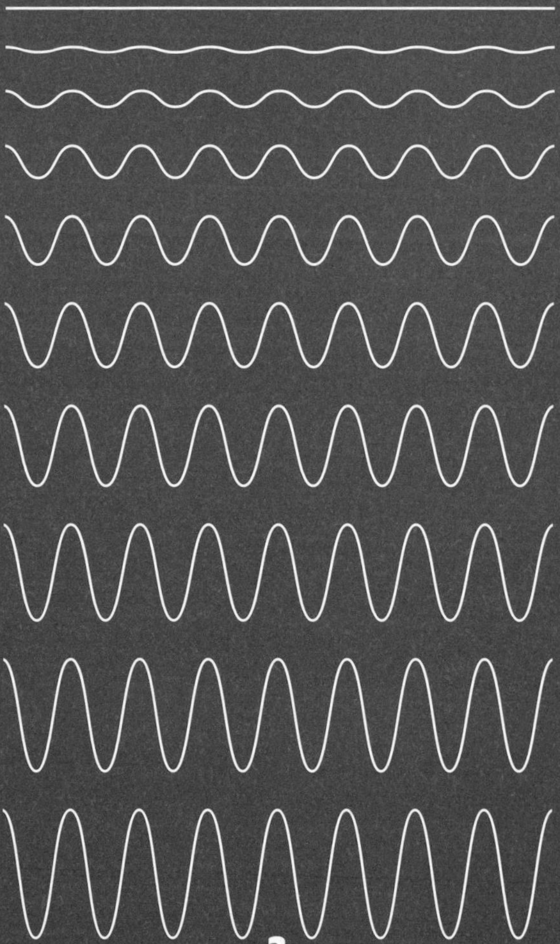

3

변함없는 화음을 지닌 장엄한 곡조의 음계를 따라
낮은 곳에서 높은 곳으로 소멸은 기어올랐다가
높은 곳에서 낮은 곳으로 가라앉는다.
– 윌리엄 워즈워스William Wordsworth 「변화Mutability」 중에서

새집을 찾아야 할 때가 오면, 꿀벌 군체는 적합한 장소를 찾기 위해 정찰 벌을 연달아 내보낸다.[1] 먼저 정찰을 마치고 돌아온 벌은 집에 남아 있던 벌을 위해 춤을 춘다. 정찰 벌 한 마리 한 마리의 춤은 각기 새집의 터전이 될 만한 서로 다른 곳의 위치를 나타낸다. 또 다른 한 떼의 벌이 정찰을 나갔다 돌아와 각자 찾아낸 장소를 저마다의 춤으로 전달한다. 얼마 안 있어 마치 떠들썩한 대규모 전당대회인 양, 엄청난 수의 꿀벌이 모여 제각기 다른 리듬의 춤을 춘다. 하나하나의 춤은 제각기 다른 미래상을 제공한다. 어떤 춤은 바로 근처에 있는 참나무를 가리키고, 어떤 춤은 멀리 있는 느릅나무를 가리킨다. 어떤 춤은 의욕 넘치는 대담한 비행을 제안하는

1 이후의 과정에 대한 자세한 설명은 토마스 실리Thomas Seeley 『꿀벌의 민주주의Honeybee Democracy』를 보라.

반면, 어떤 춤은 비교적 보수적인 선택을 제안한다. 시간이 지나면서 하나의 춤이 점점 인기를 얻게 되고, 마지막에 가서는 대부분의 벌이 그 춤을 춘다. 벌 떼의 결정이 내려진 것이다. 벌 떼는 비행을 시작한다.

벌에게든 인간에게든 정치란 시스템 안에서 신체들의 역동적 분배를 뜻한다. 정치는 투표, 타운 홀 미팅, 공개토론회에 부쳐진 생각이 권력을 획득하는 곳이다. 인간은 이런 주파수 혹은 저런 주파수에 공명해 서로 모인다. 시스템 내에서 신체의 배치는 거버넌스란 어떻게 작동해야 하는가에 대한 이상적 개념이 아니라 진동하는 신체 자체, 그 신체가 살고 있는 시스템 그리고 양자의 상호작용에서 나온다.

관건은 에너지다. 더 정확히 말하면, 에너지 생산과 사회적 에너지학이다. 벌집이 꿀의 생산을 중심으로 구조화되어 있듯, 인간 사회도 노동, 밀, 석탄, 석유를 중심으로 구조화되어 있다. 신체들이 에너지를 채취, 생산, 조직, 분배하는 방식이 권력의 흐름을 결정하고 특정한 집합적 유기체의 정치적 배치를 형성한다. 지배계급은 표면적으로 동의를 만들어내고 통제 메커니즘을 은폐하고 자신들의 전지함을 확신하기 위해 온갖 이데올로기를 동원하지만, 사실 그 배후에서 권력의 흐름을 결정하고 특정한 집합적 유기체의 정치적 배치를 만들어내는 것은 신체들의 에너지 채취, 생산, 조직, 분배 방식이다.

인류는 지난 20만 년 동안 에너지 생산의 정치적 구조에서 세 번의 대혁명을 겪었다. 농업혁명, 산업혁명, 대가속(석탄에서 혼합 화석 연료로의 전환). 농업혁명은 인간의 사회적 조직을 일종의 늑대 무리에서 가축의 무리로, 유목의 삶에서 정착의 삶으로 변화시켰고 오늘날 우리가 알고 있는 바와 같은 정치의 시작을 가져왔다. 농장과 도시의 출현과 함께, 인간은 더 이상 이동하는 에너지 비축품의 뒤를 쫓지 않았다. 전에는 주요 식량원이었던 엄청난 수의 유제 동물 떼를 뒤쫓지 않고 적당한 곳에 자리를 잡고 양, 밀, 외알밀, 대추야자 등을 길렀다. 들판, 목초지, 운하, 도시에서 신체들이 분배되면서 부족과 부족연합을 대체하는 새로운 형태의 사회적 에너지학이 생겨났다. 고대의 우루크에서는 홍수 때문에 생긴 관개에 대한 복잡한 요구를 다루기 위한 정치적 기술로서 전제정치와 제국이 생겨났다. 즉, 농부나 씨족은 곡물의 생장에 중요한 때에는 운하를 준설하거나 곡물을 수확하는 데 필요한 집약적인 대규모 노동을 관리할 수 없었기 때문에, 생산을 통제하기 위해 중앙집권적이고 절대주의적인 시스템과 이데올로기가 만들어진 것이다. 하지만 다른 곳에서는 농업 기술이 홍수와 복잡한 관개에 덜 의존하는 비옥한 지역으로 퍼져나가면서 봉건제 같은 덜 중앙집권적인 정치적 기술들이 발전했다.

농업이 발명되고 나서 1만 2천 년쯤 뒤에, 산업혁명은 인간의 사회조직을 광합성 저장에서 화석화된 탄소 저장으로 바꾸어놓았다. 그 결과 우리는 식물과 동물 에너지에 대한 의존에서 해방되었고 엄청난 새로운 권력의 흐름이 시작되었다. 19세기와 20세기 초에 탄광, 철도, 인구가 밀집된 연담도시聯擔都市 등을 주축으로 형성된 신체들의 조직은 대중적 사회민주주의, 국가적 민족주의, 산업자본주의를 낳았다. 티머시 미첼Timothy Mitchell이 『탄소 민주주의Carbon Democracy』에서 주장하고 있듯, 고도로 조직화된 응집력 강한 광부들은 에너지 흐름을 중단시킬 수 있는 능력 덕분에 본질적으로 봉건적이고 절대주의적이었던 시스템 내에서 상당한 영향력을 갖게 되었다.[2] 이제 통치자들은 노동자들의 말을 경청하지 않을 수 없게 되었다.

노동운동의 최전선에 있는 광부들은 나라 전체를 멈추게 만들 수 있었기 때문이다. 국가 경제를 마비시킬 수 있는 광부, 철도 노동자, 트럭 운전사, 부두 노동자의 능력에 기반한 노동조합, 총파업, 사보타주를 통해 산업화된 서양에서 노동자들은 19세기 후반 이전에는 불가능했을 권력을 획득했다. 미첼은 다음과 같이 쓰고 있다.

> 노동자들은 계급 문화, 집단 이데올로기, 정치 조직이라는 약한 끈보다 자신들이 탄광에서 캐서 화차에 실어 운반하고 불을 때고 일하는 데 쓰이는 고농도 탄소 에너지가 늘어나면서 점점 더 연결되어갔다. 탄소 에너지의 운동을 중단시키고 느리게 하고 다른 데로 돌리는 조직적 행동은 탄광, 철도, 발전소 및 그곳의 노동자들로 이루어진 새로운 형태의 집합적 역량인 결정적 정치기구를 만들어냈다.[3]

이러한 집합적 역량은 20세기 중반 대가속과 함께

2 Timothy Mitchell, Carbon Democracy: Political Power in the Age of Oil (New York: Verso, 2011), 12–42

3 Mitchell, 27

산업사회가 석탄에 의존하던 데서 석탄, 석유, 천연가스를 혼용하는 쪽으로 이동하면서 서서히 쇠퇴했다. 많은 수의 미숙련 노동에 의존하는 석탄 기반 경제와 달리, 석유와 가스 생산은 상대적으로 적은 수의 노동자를 필요로 한다. 그래도 노동은 수십 년 동안은 예전의 힘을 얼마간 유지했지만, 고체 석탄에서 액체 석유와 천연가스로의 에너지 흐름은 광부와 그들의 동맹 세력들이 활용할 수 있는 효과적인 정치적 권력을 약화시키고 권력의 기술로서의 대중적 사회민주주의를 대폭 약화시켰다.

액체 탄소는 고도로 훈련된 소수의 기술자 집단이 관리하고 극소수의 기업, 국가, 개인이 소유하고 있는 탈중앙화된 네트워크를 통해 우리에게 온다. 석탄은 땅속에서 물리적으로 채굴되고 고정된 철도 노선을 통해 유통센터로 운송되어야 하는 반면, 석유와 가스는 멀리 떨어져 있는 유정과 가스정으로부터 파이프라인을 통해 기계적인 방식으로 항구로 수송된다. 항구에 도착한 액체 탄소는 어디로든 갈 수 있고 수송 경로를 쉽게 바꿀 수도 있는 유조선이나 LNG선에 실린다. 미첼은 말한다. "석탄은 중심 통로 하나에 가지가 여러 개라 중심과 가지가 만나는 지점들이 병목 지점이 될 가능성이 있는 나뭇가지 모양의 네트워크를 따라 이동한 반면, 석유는 경로가 하나 이상이라서 에너지 흐름의 차단이나 파괴를 극복하기 위해 방향을 바꿀 수 있는 전력망 같은 격자 모양의 네트워크를 따라 이동했다."[4]

석탄 문명의 중앙집권적 흐름을 중심으로 조직되었던 포퓰리즘 운동들은 석유와 가스의 유연한 흐름을 중단시키는 일에는 거의 무력하다(물론 키스톤 XL 파이프라인 프로젝트처럼 대중의 주목을 받는 예외적인 경우들도 있다).

오늘날 우리의 정치 시스템은 그것을 뒷받침하는 물질적 권력의 흐름에서 성장하고 그 흐름과 공명한다. 그런 점에서 우리의 정치 시스템은 기술자들이 소수의 이익을 위해 관리하는 탈중앙화된 시스템에서 신체들을 소비하는 집단적 조직체다. 이 조직체의 그 꼭대기에는 전 세계 에너지 생산의 최대 부분을 통제하고 있는 소유주들의 과두정치가 있다. 그 소유주들은 기술자와 정치인으로 이루어진 기술 관료적 관리 계급을 통해 지배하고, 자기들끼리 통제권 획득

4 Mitchell, 39.

경쟁을 벌이고 의례적 동의를 조작하기 위해 매스미디어 선거를 이용한다. 대부분의 사람은 기껏해야 소비자로서 선거 게임을 참관하고 공식적으로 승인된 소수의 후보자 중 한 명에게 투표할 뿐이다. 개혁을 실현하고자 하는 소수의 활동가는 체계적인 방해를 받는다. 정치적 시위와 웹상에서의 분노 표출은 지배 엘리트에게 전달될 수는 있겠지만, 이런 전략은 결코 효과적인 압력이 되지 못한다. 아무리 많은 사람이 대규모 행진이나 행동의 형태로 거리에 나선다 해도, 그들은 권력의 흐름을 털끝만큼도 건드리지 못한다. 왜냐하면 그들은 권력을 생산하는 일을 돕는 사람들이 아니기 때문이다. 그들은 그저 소비만 할 뿐이다.

기후변화민중행진을 생각해보라. 2014년 9월 온화하지만 구름이 잔뜩 낀 일요일 아침에, 30만 명이 넘는 사람들이 '역사상 최대의 기후 행진'이 될 것이라고 예고된 행사를 위해 뉴욕 센트럴 파크의 서쪽에 모였다. 그 행진은 반기문 유엔 사무총장의 요청으로 열릴 예정인 유엔기후정상회의에 앞서 실시되었다. 유엔기후정상회의에서는 100명 이상의 국가수반이 참석해 재생 가능한 에너지에 대한 투자를 약속하고 남반구 국가들의 녹색 발전을 지지하고 법적 구속력을 가진 탄소 관련 규제를 만들고 전 세계에서 가장 위협받는 국가들이 기후 관련 위협에 대응하는 데 협력하기로 되어 있었다. 나는 프리랜서 기자로 행진 참가자들과 이야기도 나누고 시위대의 분위기도 파악하기 위해 시위 현장에 있었다. 하지만 나는 행진의 주체로 이야기된 '민중'의 한 사람이자, 기후변화에 관심 있는 세계 시민이자, 염려하는 마음과 양심의 가책을 받는 미국인으로서도 그 현장에 있었다.

나는 뉴욕에서 이라크전 반대 행진, 재향군인의 날 행진, 게이 프라이드 행진, 서인도의 날 행진 등에 참가한 적이 있었는데, 이번 행진도 이전 행진들처럼 열심히 준비되고 진행된 행사였다. 기후변화민중행진은 각기 나름의 이해관계와 관심사를 가진 1천 500개가 넘는 단체들이 모인 거대한 조직이었다. 행진을 주도한 아바즈Avaaz와 350.org는 다양한 단체가 합류할 수 있도록 통일된 메시지도, 구체적 요구도, 명확한 목표도 내세우지 않기로 결정했다. 행진의 주요 메시지는 행진 자체가 되어야 한다고 생각했다.

하지만 행진 자체의 메시지가 무엇인지 분명치 않았다.

만일 행진의 의도가 기후변화에 대한 사람들의 인식을 높이는 것이라면, 이 행진이 많은 과학적 자료, 수십 년간의 연구, 전 세계의 주요 언론에 거의 매일 등장하는 기사, 유엔기후변화협약이 1995년에 베를린에서 시작된 이래로 열린 열아홉 차례의 유엔 회의 등등이 할 수 없던 뭔가를 할 수 있을지 질문해야 한다. 만일 이 행진의 목적이 보수적 성향의 주류 미국인이 기후변화에 주목하도록 설득하는 것이라면, 부유한 자유주의자들의 요새로 여겨지는 도시를 한 무더기의 환경론자들이 행진하는 것으로 그 목적을 어떻게 달성할 수 있을지 알기란 어렵다. 만일 행진의 의도가 저 우산 조직들이 유권자의 측면에서 동원할 수 있는 정치적 힘을 보여주는 데 있다면, 그들이 어떤 유권자인지, 어디 출신인지, 어떤 투표 성향을 가지고 있는지, 얼마나 많은 사람이 행진에 참석했는지를 질문해야 할 것이다. 하지만 이 가운데 어떤 정보도 수집되어 있지 않았다. 그렇다면 이 행진이 미국의 정치 과정에, 아니 어떤 정치 과정에든 정확히 어떤 종류의 압력을 가하려던 것인지 궁금하다. 경찰은 철책으로 행진 대열을 통제해 유엔 건물에서 멀리 떨어진 한산한 도로로 유도했다. 결국 행진 대열은 미드타운 맨해튼

서쪽의 허드슨강변에 있는 공터로 가게 되었고 마무리를 위한 재집결 같은 것은 없었다. 수만 명의 원자화된 개인들은 지하철로, 자동차로 돌아갔다. 디지털로는 연결되어 있으나 정치적으로는 연결되어 있지 않은 삶으로 뿔뿔이 흩어져 돌아갔다. 행진은 무슨 말인지 알아듣기 힘든 하소연으로 끝났다.

사실 기후변화민중행진은 민주주의의 열정으로 가득 찬 광란의 파티, 활동가를 주제로 한 거리 축제, 트위터의 해시태그 캠페인의 유사 현실판일 뿐이었다. 참가자에게 기분 좋은 쾌감을 안겨주고 어떤 집단에 속해 있다는 소속감을 주지만 실제 입법과 거버넌스와는 완전히 동떨어져 있었다.[5] 애초부터 그 행진이 취약점을 안고 있었다는 점을 고려할 때, 아무것도 이루지 못했다는 사실이야말로 바랄 수 있는 최선이었을 것이다. 하지만 안타깝게도 그것은 다른

5 많은 글이 있지만, 무엇보다도 다음의 글을 참고하라. Arun Gupta, "How the People's Climate March Became a Corporate PR Campaign", Counterpunch, September 19-21, 2014. www.counterpunch.org/2014/09/19/how-the-peoples-climate-march-became-a-corporate-pr-campaign

곳에 더 잘 쓰일 수 있었을 조직적 에너지를 빨아들였고, 기후 행동주의의 정치적 무능을 공개적으로 보여주었고, 수십만 명의 사람들에게 거짓 희망의 위안을 안겨주었다.

행진 이틀 뒤에 열린 유엔기후정상회의의 참석자들에게는 저 거짓 묘약조차도 없었다. 치료약으로 제시된 것이라고는 관료적 마취제뿐이었다. 나는 레오나르도 디카프리오의 감미로운 개막 연설이 끝나기 몇 분 전에 유엔 총회 홀의 위쪽 발코니에 도착했다. 그리고 그날 하루 종일 다른 기자 및 참관인들과 맨 뒷좌석에 앉아 아래쪽에서 벌어지고 있는 정치인들의 따분한 쇼를 지켜보았다. 다양한 개발 계획과 금융 계획이 해법으로 제시되었다. 하지만 전 세계의 지도자들은 마치 사무엘 베케트Samuel Beckett의 희곡 『엔드 게임End Game』의 비즈니스 클래스 버전에서 배역을 맡기라도 한 듯, 정상회의는 결국 교착상태를 보여주는 암울한 의식으로 마무리되었다.

그들은 차례차례 단상에 올라 하나 마나 한 이야기를 그럴싸하게 읊어댔다. 뻔뻔하게도 그들은 구속력도 없고 임의적이고 너무나도 적고 너무나도 더딘 탄소 감축을 약속했다. 러시아, 오스트레일리아, 독일, 인도, 중국의 지도자들은 아예 회의에 불참했다. 버락 오바마Barack Obama는 왜 모든 사람이 협력해야 하는지에 대해 감동적인 연설을 했고, 미국의 얼마 되지 않는 탄소 감축을 미화하면서 중국을 질타했으며, 미국의 석탄과 소비가 중국의 성장에 불쏘시개 역할을 하고 있다는 사실을 무시했다. 탄자니아 대통령 자카야 키퀘테Jakaya Kikwete는 아프리카 국가들이 기후변화 문제에 책임이 없는데도 많은 피해를 보고 있다고 불만을 토로했고, 킬리만자로산의 빙하가 사라져가고 있는 슬픈 현실에 대한 안타까움을 표현했다. 나우루 공화국의 대통령이자 군소도서국가연합Alliance of Small Island States의 의장인 바론 와카Baron Waqa는 자기 나라처럼 존재 자체를 위협받고 있는 나라들은 상황에 대처하기 위해 더 많은 투자가 필요하다고 열변을 토했다. 중국의 국무원 부총리 장가오리张高丽는 중국은 이산화탄소 배출량의 정점 시기를 "가능한 한 앞당길 것"이고 시간이 날 때마다 1인당 탄소 배출량을 감축할 것을 약속한다는 내용의 고압적이면서 자기방어적인 연설을 했다(순전히 이론에 불과한 이 입장마저도 이후에 이루어진 미중 기후변화 합의로 후퇴하게 된다).

나는 일요일에는 시위에 참가해 거리 행진을 했고

화요일에는 유엔 정상회의를 참관했다. 그사이에 낀 월요일에는 좀 더 구체적인 결과를 약속하는 듯이 보이는 두 개의 사건을 취재하느라 하루 종일 맨해튼을 왔다 갔다 했다. 맨해튼 섬의 남쪽 끄트머리에서는 몇백 명의 강경파 활동가들이 '월가를 침수시키기Flood Wall Street' 위해 격렬한 시위를 벌였고, 맨해튼의 미드타운에 있는 하버드 클럽에서는 정부 관리, 기업 대표, 은행가, 경제학자가 전 지구적 탄소가격제를 확립하기 위해 국제배출권거래협회International Emissions Trading Association에서 모임을 가졌다.

행진 악대, 춤, 나오미 클라인Naomi Klein, 크리스 헤지스Chris Hedges, 마마두 고이타Mamadou Goïta, 엘리사 에스트로니올리Elisa Estronioli를 비롯한 여러 사람의 연설로 시작된 '월가를 침수시켜라'는 메시지, 사명, 적을 분명히 적시했다. 시위자들은 기후변화의 배후에 있는 진짜 문제라고 보는 자본주의에 반대하는 비폭력적 행동의 일환으로 월가를 향해 행진하고 있었다. 행진 참가자들의 손에는 무자비한 코흐 형제Charles Koch and David Koch, 엑슨모빌ExxonMobi, 셸Shell 등 기후변화에 책임이 있는 유력 용의자들의 이름이 적힌 피켓이 들려 있었다. 무정부주의자와 환경론자 그리고 '월가를 점거하라'에 참가했던 사람들로 이루어진 행진 대열은 아르투로 디 모디카Arturo di Modica가 조각한 〈돌진하는 황소상〉 주변의 도로를 몇 시간 동안 점거했다가 브로드웨이와 월가가 만나는 교차로를 향해 나아갔다. 뉴욕 경찰국은 시위대의 상황을 시종일관 공개적으로 통제했고, 처음부터 끝까지 시위대 주위를 경찰들로 에워쌌다. 하늘에서는 헬리콥터가 굉음을 내며 낮게 날아다니고 있었고, 말쑥한 복장의 커뮤니티 연락 담당관들이 근처에서 상황을 지켜보았다.[6] 월가는 시위가 시작되기 오래전에 이미 방벽과 기마경찰에 의해 통행이 봉쇄되어서 시위 행렬이 통과할 수 있는 일말의 가능성도 없었다. 스스로 내건 목적을 고려할 때, 행진은 시작도 하기 전에 이미 사실상 실패였다. 하지만 시위대는 포기하지 않았다. 그들은 오후 내내 트리니티 처치의 첨탑 아래에 있는 브로드웨이가와 월가의 교차로를 점거했다. 해가 지자 경찰들이 시위대에 다가가 해산을 명령했다.

6 NYPD Detective Rick Lee, the "Hipster Cop" of Occupy Wall Street fame.

104명의 열성 활동가들은 해산을 거부하다 체포되었다. 그중에는 북극곰 의상을 입고 있어서 온몸이 땀에 젖은 활동가도 있었다.

시위대가 다운타운에서 경찰과 대치하는 동안, 하버드 클럽에 모인 전력산업 엘리트들은 이익을 생산하는 방향으로 탄소 쓰레기를 거래하는 방법에 대해 논의했다. 국제배출권거래협회의 첫 번째 토론회에서 정부 대표들은 탄소가격제가 캘리포니아와 유럽에서 탄소 배출 감축에 어떤 영향을 미치고 있는지에 대해 이야기했다. 중국의 선전시 부시장 탕제唐杰는 중국의 탄소 시장과 선전시의 장기 개발 계획에 대해 이야기했다. 장가오리의 고압적이고 거의 적대적인 유엔 연설과 대조적으로, 탕제는 겸손하고 솔직하고 친절했다. 탕제의 몸짓과 어조는 유화적이었고 장가오리의 연설은 공격적이었지만, 두 연설이 의미하는 내용은 같았다. 중국은 부유해질 생각이고 누구를 위해서건 속도를 늦추지 않을 것이다.

탕제에 이어, 하버드 경제학자 로버트 스타빈스Robert Stavins가 자신이 주도한 탄소 거래제 연구 「미래의 국제적 합의를 통한 지역·국가·하부국가의 이종적 기후 정책의 연계

활성화 방안Facilitating Linkage of Heterogeneous Regional, National, and Sub-National Climate Policies Through a Future International Agreement」의 개요를 간략하게 소개했다.[7] 스타빈스에 따르면, 파리 2015 유엔 기후변화협약회의에서 기대할 수 있는 최선의 결과는 각국이 온실가스 배출 감축을 위해 자국의 목적, 조치, 정책 혹은 조합을 적시하는 통합 감시 시스템을 통해 국가적, 지역적, 기업적 탄소 가격 책정과 규제 시스템을 느슨한 수준에서 연결하는 탄소-시장 거래다.[8] 모호하기 짝이 없는 말이었다. 실제로 그것이 얼마나 공허한 주장인지 곧 밝혀졌다. 마지막 토론회에는 노르웨이 국영 석유회사인 스타토일Statoil, 환경보호기금Environmental Defense Fund, GDF 수에즈GDFSuez,

7 Daniel Bodansky, Seth Hoedl, Gilbert Metcalf, and Robert Stavins, "Facilitating Linkage of Heterogeneous Regional, National, and Sub-National Climate Policies Through a Future International Agreement"

8 이 개요서는 다음과 같이 보고하고 있다. "아직은 협상이 비교적 초기 단계에 있지만, 2015년 합의에는 혼합된 형태의 기후-정책의 구조가 반영될 것으로 보인다. 그것은 감시·보고·검증이라는 이른바 MRV를 위한 하향적 요소들을 주로 '국가적으로 결정된 기여들(NDCs)'로 이루어진 상향적 요소들과 결합하는 구조가 될 것이다. 국가들은 온실가스 배출을 감축하기 위해 각기 자신들의 목표, 조치, 정책 혹은 이 조합을 적시할 것이다. 국내정치적 실현 가능성과 그밖의 요인들에 기초할 것이고 국제적인 상호평가 체제의 지배를 받게 될 것이다."

바클리즈Barclay's의 대변인들이 등판했다. 그들은 하나같이 탄소 거래제의 놀라운 가능성에 대한 희망적인 전망을 제시했지만, 핵심은 셸의 수석 기후 고문인 데이비드 혼David Hone이 전달한 메시지였다. 그는 스타빈스처럼 관료적 어법을 구사하지 않고 훨씬 더 솔직하게 말했다. 그는 아무런 구속력도 없는 탄소 가격제라야 파리 회의에서 합의될 일말의 가능성이라도 있을 것이라고 주장했다. 한마디로 탄소 가격제는 전혀 시행될 수 없다는 뜻이다.

다운타운에 있는 시위자들도, 하버드 클럽에 있는 사람들도 모두 기후변화에 대응해 누군가가 뭔가를 해야 하고, 그것도 곧 해야 한다는 데 동의하는 것 같았다. 그러나 자본주의를 근본 문제로 보는 '월가를 침수시켜라' 시위자들과 달리, 하버드 클럽에 모인 사람들은 자본주의를 문제를 해결할 수 있는 유일한 체제로 보았다. 국제배출권거래협회에게는 국제적이고 합법적인 협정, 기업 운영, 시장 기반 메커니즘이 전 지구적 위기에 전 세계적 대응을 펼칠 수 있는 유일한 장치였다. 이 장치가 한계에 봉착하고 대응이 느리고 문제를 일으키더라도, 그것은 그 장치가 문제의 일부라는 것을 의미하지 않았다. 오히려 그러한 한계는 기본적인 활동 조건으로 여겨졌다. 유엔에서의 보여주기식 연설과 국제배출권거래협회의 기술 관료적 모호 어법은 지구상의 거의 이백여 국이 구속력 있는 배출 감축 계획안에 합의할 가능성은 사실상 존재하지 않는다는 토마스 셸링의 주장이 옳다는 것을 생생히 입증했지만, 실패를 인정하는 것은 선택지에 없었다. 가능성이 있는 것은 지금까지의 노선이 그대로 유지되는 것뿐이다. 기껏해야 자발적인, 따라서 기능적으로는 아무 의미도 없는 협약에 도달하는 것뿐이다. 한편 기후변화인민행진이 시작된 바로 그날, 글로벌 탄소 프로젝트Global Carbon Project는 온실가스 배출이 중국 4.2퍼센트, 인도 5.1퍼센트, 미국 2.9퍼센트를 비롯해 전 지구적으로 2013년에 2.3퍼센트 증가했다는 것을 보여주는 새 보고서를 발표했다. 오바마의 현란한 연설은 이제 더는 듣고 싶지 않다.

이것이 오늘날 우리가 처해 있는 상황이라고 할 수 있다. 좌파, 우파를 막론하고 외교관, 에너지 기업 경영진, 투자자, 과학자, 무정부주의자, 성직자, 활동가 등 다양한 사람이 지구온난화를 걱정하고 있고 시급히 뭔가를 해야 할 필요를 느끼고 있다. 그러나 이 가운데 누구도 지구온난화 문제를 해결하는 데 필요한 수단과 강력한 영향력과 개념적 틀을 가지고 있지 않으며 이 위험에서 우리 자신을 보호할 만한 계획을 떠올리지조차 못하고 있다. 문명을 위한 어떠한 '리셋' 단추도 없고, 향후 10, 20년 안에 전 지구적 인프라, 농업, 에너지 네트워크를 바꿔놓을 실행 가능한 계획도 없다. 똑똑하고 대의에 헌신적이고 사려 깊은 사람들이 탄소 가격제 시장, 항의 시위, 유엔같이 효과 없는 정치 기구를 홈치작거리는 동안, 우리 모두는 자기 일들을 하느라 바쁘다. 자가용을 몰고 비행기를 타고 불을 켜놓고 난방기와 에어컨을 틀고 고기를 먹고 각종 기기를 충전하는 등 안락한 소비에 기초한 지속 불가능한 삶을 산다. 아이러니하게도, 유엔, 월가를 침수시켜라, 국제배출권거래협회, 기후변화인민행진 등에서 이질적인 분파를 결합시키는 가장 중요한 것 중 하나는 조용히 대량의 탄소를 불태우면서 행동주의적 격분을 아무것도 낳지 못하는 피드백 루프로 바꿔버리고 있던 문화 기술의 시스템이었다. 행진이 있던 주에 벌어진 모든 사건에서 가장 흔히 볼 수 있는 것은 사람들이 스마트폰으로 이메일을 확인하고 트위터를 하고 사진을 찍는 모습이었다. 그들이 전 지구적 정보·소통 생태계에 접속하느라 사용한 전기량은 전 세계의 전기 사용 총량의 약 10퍼센트였던 것으로 추산된다.[9] 전 지구적 정보·소통 생태계는 석탄에 의존하고 있다. 당신이 이메일을 확인할 때마다, 당신은 지구의 온도를 올리고 있다. 그런데 우리는 날마다 이메일을 확인한다. 우리는 멈출 수 없다. 그리고 멈추려 하지 않을 것이다.

기후변화인민행진은 목적이 없었고 산만하고 피상적이고 어리석었다. 하지만 기후변화인민행진의 문제는

9 마크 밀즈Mark Mills는 다음과 같이 쓰고 있다. "정보경제는 주로 보이지 않는 데서 에너지를 사용하는 청고래 경제다. 중간 범위 추정치를 기초로 할 때, 전 세계의 정보-통신-기술 생태계는 해마다 약 1,500조 와트시의 전기를 사용하는데 이는 일본과 독일의 발전량을 전부 합친 것과 비슷하고 1985년에 세계 전체가 불을 밝히는 데 사용한 전기량과 맞먹는다. 오늘날 정보-통신-기술 생태계는 전 세계 발전량의 10퍼센트에 육박한다. 다른 관점에서 보면, 제타바이트 시대는 전 세계 항공 분야보다 약 50퍼센트 더 많은 에너지를 이미 사용하고 있다." Mark Mills, The Cloud Begins with Coal: Big Data, Big Networks, Big Infrastructure, and Big Power, National Mining Association, August 2013, 3. www.tech-pundit.com/wp-content/uploads/2013/07/Cloud_Begins_With_Coal.pdf?c761ac. Gary Cook, How Clean Is Your Cloud? Greenpeace, April 2012. www.greenpeace.org/international/Global/international/publications/climate/2012/iCoal/HowCleanisYourCloud.pdf

그것이 아니었다. 유엔의 정치가들은 무지하고 편협하고 이기적이고 썩었다. 하지만 유엔의 문제는 그것이 아니다. 기후변화에 대한 대응은 적절한 법을 통과시킨다거나 정확한 탄소 가격을 찾아낸다거나 사람들의 마음을 변화시키거나 인식을 제고한다거나 하는 문제가 아니다. 모두가 이미 알고 있다. 문제는 기후변화 문제가 너무 거대하다는 데 있다. 문제는 서로 다른 사람이 서로 다른 것을 원한다는 것이다. 문제는 누구도 정답을 갖고 있지 않다는 것이다. 문제는 우리가 바로 그 문제라는 것이다.

투쟁의 강박

4

비둘기들이 있다, 몽상가들, 그리고 인형들;
킬러들이 있다, 그리고 비둘기들, 그리고 비둘기들;
실안개, 다이옥신, 그리고 나날들; 나날들은
존재한다, 나날들 그리고 죽음; 그리고 시들이
존재한다; 시들, 나날들, 죽음

– 잉거 크리스텐슨Inger Christensen 「알파벳Alphabet」 중에서

1931년 봄, 켄터키주에 사는 플로렌스 리스Florence Reece라는 여성이 20여 년 전인 열두 살 때 자신이 만든 곡을 다시 쓰기 시작했다. 원래 그 노래는 광부였던 아버지가 참가했던 행진 투쟁을 지지하는 곡이었다. 이 노래의 제목이자 후렴구는 이렇다. "넌, 어느 편이야?" 새로운 투쟁이 벌어졌고, 리스는 새 투쟁에 맞춰 자신의 노래를 수정했다. 이번에는 행진 투쟁을 벌이는 것이 자기 남편이라는 점만 달랐다.

'넌, 어느 편이야?Which Side Are You On?'는 노동가요의 고전이 되었다. 1937년에 앨런 로맥스Alan Lomax는 이 노래를 부르는 리스의 목소리를 녹음했다. 몇 년 뒤 프리덤 싱어즈는 이 노래를 시민권 가요로 채택했다. 1931년에 다시 쓴 가사의 일부는 다음과 같다.

할란 카운티Harlan County에서는 말들 하지
중간은 없다고.
너는 노조원이거나
아니면 보안관을 위해 일하는 깡패일 뿐이야.

오, 노동자들이여, 도대체 어떻게 견딜 수 있는 거지?
오, 어떻게 버틸 수 있는지 알려줘.
비열한 파업 파괴자가 될래
아니면 인간이 될래?

사장 편에 서서 파업을 방해하지 마,
그들의 거짓말을 듣지 마.
우리 불쌍한 민중에게는 기회가 없어.
조직하지 않으면.

당시 신문들은 리스의 남편이 휘말려 들어간 노동 투쟁을 할란 카운티 전쟁Harlan County War이라고 불렀다. 이것은 켄터키주의 광부들과 할란 카운티 석탄사업자협회 간에 벌어진 일련의 싸움이었다. 문제는 협회가 석탄의 시장 가격을 낮추는 대신 삭감액만큼을 광부의 임금에서 벌충하려 한 데서 시작되었다. 안 그래도 약탈적 대출, 속임수를 이용한 기준임금 책정, 병가에 대한 과도한 급여 공제, 의료 혜택의 결여 등으로 인해 불만과 분노에 차 있던 광부들은 투쟁에 나섰다. 석탄회사들은 대체 인력인 이른바 '파업 파괴자'를 동원했고 이들을 보호하기 위해 사설 경비원을 고용했다. 그 후 몇 주에 걸쳐 파업 광부와 사설 경비원 사이에 소규모 전투가 벌어졌다. 이 고용된 총잡이들, 리스의 노래에 나오는 '깡패들'은 할란 카운티의 보안관 J.H. 블레어J.H. Blair에 의해 보안관 대리로 임명되었고 광부들을 공격하고 체포할 완전한 재량권이 주어졌다. 양측에서 여러 명이 살해되었다. 광부들이 회사의 호송 차량 한 대를 습격해 세 명을 사살하자, 마침내 켄터키주 방위군이 동원되었다. 블레어 보안관은 주 방위군을 등에 업고 모든 공공 집회를 금지했으며 광부들에게 최루탄을 사용했고 몇 주 만에 파업을 파괴해버렸다.

미국에서는 1877년과 1937년 사이에 헤이마켓Haymarket 폭동, 풀먼사 파업Pullman Strike, 라티머 학살Lattimer Massacre, 루드로 학살Ludlow Massacre, 에버렛 학살Everett Massacre, 메이트완

학살Battle of Matewan 등 최소한 30여 차례에 이르는 중대한 무장 노동 투쟁이 있었다. 이 충돌은 일반적으로 파업 노동자와 파업에 맞서 사측이 여기저기서 그러모은 세력 사이에 발생한 것이었다. 회사 측은 직무대행으로 임명된 깡패, 파업 방해자, 핑커톤 요원들, 보안관이 소집한 민병대 그리고 때로는 주 방위군까지 동원했다. 1914년의 루드로 학살 당시 석탄회사가 동원한 폭력배들은 콜로라도주 방위군의 지원 아래 1천 200명의 광산 노동자와 그 가족들이 생활하고 있던 천막촌을 습격해 여성과 아이들을 포함해 최소한 열아홉 명의 사람들을 살해했다.

이 시절의 노동 운동은 기업의 횡포와 정부의 억압에 맞선 무장투쟁이자 임금, 노동 시간, 노동 조건을 위한 투쟁인 동시에 정의와 민주주의 그리고 보다 공정한 형태의 집단생활을 위한 싸움이었다. 숱한 유혈 사태를 겪고 대공황으로 수백만 명의 노동자들이 일자리를 잃고 거리로 내몰린 후에야, 미 정부는 1935년에 전국노동관계법National Labor Relation Act을 통과시키고 여러 개의 노동 관련 법을 시행했으며 다양한 뉴딜 사회복지서비스를 펼쳤다. 이 모든 조치는 노동자의 삶을 더 낫게 만드는 데 도움을 주었다. 과두정이 노동자들에게 권리를 준 것이 아니었다. 노동자들이 조직을 만들고 수십 년 동안 폭력적 투쟁을 벌인 끝에 권리를 쟁취한 것이다.

결집된 대중이 비폭력적 시민불복종을 통해 무엇을 할 수 있는지를 보여준 위대한 미국적 사례로 흔히 제시되곤 하는 시민권 운동도 노동 투쟁과 마찬가지로 사회적, 정치적 권력을 상대로 한 수십 년간의 폭력적 투쟁이었다. 언론인이자 역사가인 찰스 콥Charles Cobb이 『비폭력이 당신을 죽게 하리라: 총은 어떻게 시민권 운동을 가능하게 했나This Nonviolent Stuff'll Get You Killed: How Guns Made the Civil Rights Movement Possible』에서 보여주고 있듯, 무장 저항과 무장 방어는 시민권 운동의 토대였다. 지도자와 조직가들을 보호했고, 흑인 공동체와 흑인 활동가의 편에 서서 정치적 의지를 보여주었으며, 적대적인 환경 속에서도 비폭력적 시민불복종을 실천 가능하게 했다.[1]

로버트 윌리엄스Robert Williams는 1957년 자신의 친구이자 동지인 앨버트 페리Albert Perry 박사의 집을 지키기 위해 노스캐롤라이나주에 전미흑인지위향상협회NAACP(National Association for the Advancement of Colored People) 먼로 지회를 조직했는데, 이는 무장 저항의 실효성을 보여준 대표적인 사례 중 하나가 되었다. 페리는 흑인들의 시립수영장 사용을 금지하는 법률에 대한 항의를 주도한다는 이유로 KKK단 먼로 지부의 표적이 되었다. 무장을 한 KKK 단원들을 태운 차량 행렬이 페리를 협박해 항복을 받아내기 위해 그가 사는 동네를 헤집고 다녔다. 그러자 그에 맞서 2차 세계대전 참전 용사였던 미 해병대원 하나가 라이플총으로 연발 사격을 가해 KKK 단원들을 혼비백산하게 했다.[2] KKK 단원들은 달아났고, 곧바로 다음 날 먼로 시의회는 KKK 행진을 금지했다.[3]

1 Charles E. Cobb, Jr. This Nonviolent Stuff'll Get You Killed: How Guns Made the Civil Right Movement Possible(New York: Basic Books, 2014)

2 Cobb, 111

3 역사가 월터 루커Walter Rucker는 윌리엄스의 유산에 대해 논하면서 다음과 같이 적고 있다. "흑인이 폭력을 사용하는 것은 식민시대까지 거슬러 올라갈 수 있지만 윌리엄스와 말콤 X의 출현은 이런 정신의 의미심장한 환기를 대표적으로 보여준다. 이후 10년간 뒤따른 것은 전투적인 흑인 혁명가들의 물결, 수십 차례에 이르는 도심 폭동, 자기방어를 위한 무장을 주장하는 수많은 외침이었다. 수백 년간의 반反흑인 폭력 이후에, 미국 전 지역에 사는 아프리카계 미국인들은 자신들의 공동체에 대한 공격적 방어 태세를 취하기 시작했다. 필요할 때는 공공연히 힘을 사용했다." Walter Rucker, "Crusader in Exile: Robert F. Williams and the

시민권 운동이 남부에서 강렬한 적의와 폭력에 직면했었다는 사실을 생각할 때, 간이식당 연좌 농성과 프리덤 라이드Freedom Rides 그리고 거리 행진이 그 뒤편에서 모습을 드리우고 있던 실체적 무장투쟁의 위협 없이 가능했을지 의문이다. 1963년에 제임스 볼드윈James Baldwin이 말했듯 말이다. "마침내 검은색은 아름다운 색이 되었다. 사람들이 검은색을 사랑해서가 아니라 두려워해서."[4] 더군다나 시민권 운동의 성공은 연방군의 개입을 고려하지 않고는 제대로 이해할 수 없다. 대표적인 예만 몇 가지 들어보자. 1957년에 드와이트 아이젠하워Dwight Eisenhower 대통령은 아칸소주 리틀록Little Rock의 인종차별을 폐지하기 위해 101공수사단 병력을 배치하는 결정을 내렸다. 1962년에 로버트 케네디Robert Kennedy는 제임스 메레디스James Meredith를 보호하고 미시시피 대학에서의 인종차별 폐지를 시행하기 위해 연방 보안관들로 이루어진 분견대를 배치하는 결정을 내렸다. 뒤이어 1963년에 존 F. 케네디John Fitzgerald

International Struggle for Black Freedom in America", The Black Scholar 36:2-3 (2006), 19-34. 22

4 James Baldwin, The Fire Next Time (New York: Vintage, 1993 1963), 77

Kennedy 대통령은 미시시피 대학교에서의 폭동을 진압하기 위해 미육군 부대를 파견하고 앨라배마 대학교에 군부대를 배치하는 결정을 내렸다. 그리고 1965년에 린든 존슨Lyndon Johnson 대통령은 셀마에서 몽고메리로 가는 시위 행렬을 보호하기 위해 앨라배마에 군부대, 국가경비대, 연방 보안관들을 배치하는 결정을 내렸다.

생산에의 민주적 관여를 쟁취하기 위한 광부들의 투쟁은 항의하고 신문 기사를 공유하고 메시지를 포스팅하기만 한 것이 아니었다. 그들은 그저 행진만 한 것이 아니었다. 시민권 투쟁을 벌인 아프리카계 미국인 활동가들은 그저 해시태그 캠페인을 트윗하기만 한 게 아니었다. 그들은 회의나 개최하기만 한 것이 아니었다. 그들은 자신들이 믿는 세상을 위해, 자신들이 생산한 권력에서의 몫을 얻어내기 위해 싸웠고 피를 흘렸고 죽었다. 19세기와 20세기 초에 걸쳐 벌어진 탄광 파업은 폭력과 무질서의 현장이었다. 그리고 노동조합을 조직할 권리나 8시간 노동제처럼 우리가 수십 년간 기본권이라고 생각한 권리들을 획득할 수 있었던 것은 오직 자본 소유자들과의 공격적 전쟁을 통해서였다. 기본적인 시민권과 정치적 평등을 획득하기 위해 인종분리주의자와 인종차별주의자들과 벌인 싸움도 힘겹고 위험하고 공격적이었다. 그것은 그들이 포기하고 싶지 않았던 것, 즉 권력을 남부의 백인 인종차별주의자로부터 얻어내기 위한 싸움이었다.

"폭력이 문제를 해결한 적은 한 번도 없다"라고 말하기 좋아하는 사람들이 있지만, 그것은 편안함을 안겨주기 위한 거짓말이다. 그것도 다름 아니라 나쁜 사람들의 마음을 편안하게 해주는 거짓말이다. 비폭력이 힘없는 사람들의 미덕으로 여겨지는 진짜 이유는 힘 있는 자들이 자신의 삶이나 재산이 위협받는 것을 보고 싶어 하지 않기 때문이다. 사실 폭력은 많은 갈등을 해결했다. 폭력은 제2차 세계대전에서 파시즘과 나치즘을 물리쳤다. 폭력은 미국에서 남북전쟁 뒤의 재건 시대 동안에 노예제를 종식시켰다. 폭력은 미국 내 식민지들을 영국의 지배에서 해방시켰고, 전 세계의 수많은 식민지를 제국의 지배에서 해방시켰다. 폭력은 1789년에 악랄한 프랑스 귀족정을 타도했고 1917년에는 전제적인 러시아 귀족정을 무너뜨렸다. 폭력은 노동운동 성공의 중심이었고, 폭력의 위협은 시민권 투쟁에 필수적 수단이었다. 물론 폭력은 약한 나라를 정복하고 약자들을 억압하고 무고한 사람들을 괴롭히고 비판자들을 위협하고 여성들을 강간하고 도시를 약탈하고 지역 주민들을 모조리 학살하는 데도 사용되었다. 무엇을 베든 칼은 칼이다.

대부분의 인류 역사 동안, 폭력은 사회적 투쟁의 핵심 요소였다. 인간의 대규모 폭력을 분명히 보여주는 최초의 증거는 문명만큼이나 그 역사가 오래되었다. 그리고 폭력의 종식을 보여주는 최초의 증거는 아직 출현하지 않았다.[5] 생물고고학자 필립 워커Philip Walker는 말한다. "우리가 아는 한, 오랫동안 인간 간의 폭력 없이 존재하는 사회적 조직이나 생산 양식 혹은 환경은 없다."[6] 프로이트Sigmund Freud는 전쟁을 두고 아인슈타인Albert Einstein과 벌인 유명한 논쟁에서 다음과 같이 말한다. "인간 간의 이익 갈등이 폭력을 통해 해결되는 것은 보편적 법칙이다. 애초에 동물의 왕국 전체가 그러하다. 그리고 인간이 동물의 왕국에서 스스로를

5 Philip L. Walker, "A Bioarchaeological Perspective on the History of Violence", Annual Review of Anthropology 30 (2001), 586. arjournals.annualreviews.org/doi/pdf/10.1146/annurev.anthro.30.1.573

6 Ibid., 590

배제할 근거는 전혀 없다."[7] 오랫동안 이어져온 야만의 역사는 개인적 폭력과 사회적 폭력이 섹스, 언어, 먹고 마시기만큼이나 생물학적으로 인간 삶의 일부이고 공격성과 지배 충동은 잔존하는 격세유전도 사회적 부적응도 아니고 인간종의 특성이며 전쟁과 살인이 언젠가 사라질 것이라고 생각할 이유가 전혀 없다는 확실한 증거로 보인다.

우리의 미래도 우리의 과거만큼이나 야만적일 것으로 보인다. 지난 200년 동안 탄소 연료에 의한 경제적 풍요와 국가 통제의 광범위한 영향의 결과, 적어도 산업화된 국가들에서는 일상적 폭력이 전반적으로 감소했다고 할 수 있다. 하지만 인간이라는 동물은 피에 대한 욕망을 정화할 수도 없었고, 당면한 문제에 대한 해결책에서 전쟁과 폭력을 배제할 수도 없었다. 인류세에서 살고 죽는다는 것이 어떤 의미인지를 이해하려면, 그리스 철학자 헤라클레이토스Heraclitus of Ephesus가 한 말의 의미부터 이해해야

7 Sigmund Freud, "Why War?" The Standard Edition of the Complete Psychological Works of Sigmund Freud, Vol 22: (1932-1936): New Introductory Lectures on Psycho-Analysis and Other Works, 204. www.pep-web.org/document.php?id=SE.022.0195A

한다. "전쟁이 공통 조건이고, 투쟁이 곧 정의이며, 모든 것은 투쟁의 필연성에 따라 일어난다는 것을 알아야 한다."[8]

지구온난화와 관련해 인류의 미래에 대한 상이한 전망들은 이미 현실에서 대립과 갈등을 빚고 있다. 석탄 및 석유 회사와 그들의 정부 내 대리인은 자신들을 지키고 자신들의 이익을 추구하기 위해서라면 군사력도 기꺼이 사용할 의사가 있다는 것을 극명하게 보여주었다. 19세기와 20세기의 노동 전쟁은 이를 잘 보여준다. 나이지리아 정부가 수십 년 동안 자국민을 상대로 벌인 전쟁은 셸과 셰브론의 노골적인 지원으로 시작된 것이었다. 이에 관해서는 켄 사로위와Ken Saro-Wiwa가 쓴 『1년과 1일A Year and a Day』 『나이지리아에서의 대량 학살Genocide in Nigeria』에 잘 기록되어 있다. 켄 사로위와는 집회와 시위를 이끌다 결국 교수형에 처해졌다.

여러분은 다음과 같은 외침을 들어본 적이 있을 것이다.

8 Heraclitus, fragment 26. Philip Wheelwright, Heraclitus (Princeton: Princeton University Press, 1959), 29

우리는 싸워야 한다, 우리는 적을 적시하고 추적해야 한다는 외침을. 어떤 사람들은 이런 외침에 부응해 거리 행진을 벌이고 노래를 부르거나 구호를 외친다. 어떤 사람들은 이런 외침을 외면하거나 무슨 일이 벌어지고 있다는 것을 부정하면서 전기 없는 삶, 우주식민지, 낙원에서의 영원한 삶, 명시적 거부, 무선통신, 도우미 로봇, 3D 프린터가 구현된 기술 유토피아에서 소비자로서 보내는 만족한 삶 등 상상 속의 내일에서 탈출구를 찾는다. 부자들은 자신들만의 요새에서 은신하면서 에어컨, 사립학교, 많은 보수를 지급하는 사설 경호원에게 의존한다. 싸워라. 도망쳐라. 도망쳐라. 싸워라. 죽음의 위협은 우리의 가장 내밀한 곳에 자리 잡고 있는 동물적 충동을 활성화한다.

위협을 느꼈을 때 우리 안에서 일어나는 공격성과 두려움은 우리가 경험하는 가장 강렬한 감정에 속한다. 인간 사회가 작동하기 위해서는 이런 본능적 반응이 주의 깊게 관리되고 표현되고 전달되어야 한다. 갑자기 분출하는 두려움과 증오는 위험하지만, 어느 정도의 공격성과 두려움은 사람들을 통제 가능하고 생산적인 존재로 만드는 데 도움이 된다. 적당한 공격성은 사람들로 하여금 집단행동을 맹종하지 않게 하고 동료들과의 경쟁에서 이기기 위해 열심히 일하도록 만든다. 반면에 항시적이고 일반화된 불안은 사람들에게 노예근성을 심어주고 위험을 회피하게 하고 집단 사고의 따분한 동일성이나 소비재 상품들이 주는 말 없는 안도감에서 위안을 갈구하게 만든다.

적어도 2001년 9월 11일 이후, 미국인들은 알카에다가 아니라 미국 정부가 펼친다는 점에서 전례를 찾아볼 수 없는 테러 캠페인 아래에 놓이게 되었다. 미 정부의 국내 정책은 '안전'을 항시적인 두려움으로 바꾸어놓았고 기회가 있을 때마다 시민들을 위협했다. 처음에는 폭발물과 탄저균에 대한 경고로, 다음에는 감옥과 긴축재정의 산물인 구조적 실업과 괴롭힘으로, 마지막에는 고문과 스와트SWAT 탱크, 저격병, 드론, 완전한 감시로 시민들을 위협했다. 미국 사회의 구조를 보여주는 미국 정치의 인종적 논리 때문에, 정부의 폭력은 대부분 어두운 피부색을 가진 사람들을 대상으로 한다. 그러나 미 정부의 테러 캠페인은 좀 더 은밀하다. 그것은 비행기의 일반석을 이용하거나 뉴스를 시청하거나 인터넷을 이용하는 모든 개인을 대상으로 한다.

두려움은 갈수록 군대화되는 경찰과 마주치거나

금속탐지기와 전신검색기 앞에서 보안요원과 치욕적인 만남을 가질 때마다 우리에게 온다. 두려움은 고용이 보장되지 않을 때, 제도적 불평등에 직면해 도움이 필요할 때, 부패한 제도를 믿을 수 없을 때 우리에게 온다. 두려움은 도처에 존재하는 감시 속에서, 홈리스 여성이나 제대로 된 금전적 지원 없이 병원에 입원해 있는 친구의 모습 속에서, 충분할 만큼 열심히 일하지 않고 있고 행복하지 않고 결코 '성공'하지 못하리라는 걱정 속에서 우리에게 온다. 두려움은 예측 불가능한 기후변화들에서, 대규모 폭풍들에서 우리에게 온다.

두려움은 다른 무엇보다도 우리가 우리의 삶 속으로 가져온 문화 기술의 산물인 소셜미디어 진동으로, 이미지와 메시지로 우리에게 온다. 우리는 정신없이 일상 업무를 하는 와중에도 끊임없이 불안과 위험을 불러일으키는 메시지들, 어디서나 볼 수 있는 경고들, 집요하게 파충류의 뇌를 건드리는 자극들을 접한다. 누가 죽었다. 뭔가 폭발했다. 뭔가가 폭발할지도 모른다. 누가 누구를 공격했다. 누가 누구를 죽였다. 총, 범죄, 이민자, 테러리스트, 아랍인, 멕시코인, 백인 우월론자, 살인 경찰, 사악한 범죄자들, 강간,

살인, 지구온난화, 에볼라, ISIS, 죽음, 죽음, 죽음.

사회학자 톰 피스진스키Tom Pyszczynski는 말한다. "사람들은 두려움을 피하기 위해서라면 거의 무슨 일이든 할 것이다. 최선을 다했는데도 (두려움과 불안이) 겉으로 드러나게 되면, 사람들은 그것들을 감추기 위해 믿을 수 없는 짓도 마다하지 않는다."[9] 두려움과 불안이라는 진동이 우리를 뒤흔들면, 우리는 다른 사람이 우리의 반응을 지지해주었으면 하고 바라면서 많은 사람이 저 위협에 대해 분명한 경각심을 갖게 되었다는 확신을 통해 두려움을 진정시키려 든다. 그리하여 저 진동을 전달하고 이야기를 리트윗하고 영상을 퍼가는 식으로 그 진동을 방출한다. 어떤 때는 혐오 반응을 보이고는 그 진동을 약화시키기 위해 기분을 좋게 해줄 이미지와 영상, 재미있는 것, 두려움을 진정시킬 만한 것들을 검색한다. 다시 말해 긍정적 강화물들을 검색한다. 우리는 뭔가를 산다. 음식을 먹는다. 알약을 입에 털어 넣는다. 섹스를 한다.

9 Tom Pyszczynski, "What Are We So Afraid Of? A Terror Management Theory Perspective on the Politics of Fear", Social Research 71:4 (Winter 2004), 827-847. 827

두려움이라는 진동을 전달하거나 그 진동에 혐오 반응을 보이는 과정에서, 우리는 두려움이 우리 자신의 자율적 욕망을 방해하고 우리를 목표에서 벗어나게 하고 우리의 일상적인 인지 과정에 훨씬 더 감정적인 잡음이 실리게 만든다. 우리는 우리의 목적에서 점점 벗어나게 되고 그럴수록 점점 더 목적에서 벗어나기 쉽다. 그리고 재전송을 하든 혐오 반응을 보이든간에, 우리는 우리의 습관과 성격을 형성하게 되는 생각, 지각, 행동, 감정의 채널들을 강화한다. 우리 자신을 두려움과 공격성에 공명, 공진하게 훈련시킴으로써, 우리는 비슷한 사람들을 길러내는 사회를 형성하는 사고와 감정 패턴을 강화한다. 우리 자신을 두려움과 공격성에 반항하게 훈련시킴으로써, 비슷한 사람들을 길러내는 사회를 형성하는 사고와 감정 패턴을 강화한다.

투쟁-도피 반응은 강력하다. 그것은 본질적으로 진화의 목적에 이바지하기 때문이다. 투쟁-도피 반응은 경각심을 높이고 아드레날린 분비를 증가시키며 인간이라는 동물을 계속 살아 있게 해주는 역할을 한다. 그러나 인류세로 접어들면서, 자본주의는 두려움과 공격성을 욕망과 쾌락으로 상쇄시키기 위한 문화적 장치를 만들어냈다. 그것은 바로 끝도 없이 불꽃을 계속 발생시키는 것이다. 문화이론가 로렌 버랜트Lauren Berlant가 결코 실현될 수 없는 희망에 의해 유지되는 체제의 '잔인한 낙관주의'라고 부른 것이 초조한 불안의 분위기와 위태롭게 뒤섞여 노동계급과 중산층의 경제적 어려움으로 인한 불만과 그 불만을 먹고 자라는 만연한 가학적 관음증을 증가시킨다.[10] 미국의 부실한 사회적 인프라가 그나마 유지되고 있는 동안은 프로스포츠와 지극히 폭력적인 TV와 간헐적 시위로 분노를 발산하는 한편 우리의 두려움과 공격성을 노동, 소비, 경제적 경쟁으로 돌릴 수 있다. 하지만 일단 이런 사회구조가 해체되기 시작하면, 우리는 폭동과 내전뿐만 아니라 자신들을 냉혈한으로 만들 살인적 정치의 등장까지도 기꺼이 감수할 것이다.

생각해보라. 한때 이라크는 중동에서 교육 수준이 높은 탄탄한 중산층을 가진 가장 현대적이고 서구화된 국가 중 하나였지만, 지금은 수십 년에 걸친 제국주의의 공격,

10 Lauren Berlant, Cruel Optimism (Durham: Duke University Press, 2011)

범죄 조직, 국내 정치에서의 혼선, 경제적 자유화, 종파 싸움 등으로 황폐해졌다. 오늘날 이라크는 석유에 기반한 부패한 정치 체제, 분리를 선언한 쿠르드 지역, 스스로 독립 국가임을 선포한 이슬람 근본주의자들의 영토로 찢겨져 있다. 그 와중에 이웃 나라인 시리아에서 벌어진 내전이 이라크 국경을 넘어 확산되고 있다. 2006년 이후, 시리아는 극심한 물 부족을 겪고 있다. 그 결과 일부 지역에서는 곡물 수확량이 75퍼센트 감소했고 가축의 85퍼센트가 몰살당했고 80만 명의 주민들이 생계를 이어갈 수 없었고 수십 만 명의 가난한 젊은이들이 시리아의 도시들로 빠져나갔다.[11] 하지만 이 가뭄은 중동을 바꿔놓고 있는 장기 온난화와 건조화의 일부일 뿐이다.[12] 이러한 충돌에서 빼놓을 수 없는

11 Francesco Femia and Caitlin Werrell, "Syria: Climate Change, Drought and Social Unrest", The Center for Climate and Security, February 29, 2012. climateandsecurity.org/2012/02/29/syria-climate-change-drought-and-social-unrest

12 Colin P. Kelley, Shahrzad Mohtadi, Mark A. Cane, Richard Seager, and Yochanan Kushnir, "Climate change in the Fertile Crescent and implications of the recent Syrian drought", Proceedings of the National Academy of Sciences of the United States of America, January 30, 2015. Early edition. www.pnas.org/content/early/2015/02/23/1421533112

것은 물만이 아니다. 석유도 빼놓을 수 없다. 이라크는 전 세계에서 석유 매장량이 다섯 번째로 많다. 한편 이슬람 국가IS가 지금까지 존속할 수 있는 것은 시리아에서 생산되는 대부분의 석유와 가스에 대한 통제권을 쥐고 있기 때문이다. 우리는 기후변화와 폭력적인 종교적 근본주의를 상관없는 별개의 현상으로 생각하지만, 해군 퇴역 소장 데이비드 티틀리David Titley는 말한다. "여러분은 우리가 지금 ISIS라고 부르는 이 재앙이 기후와 상당한 관련이 있다는 것을 충분히 알 수 있을 것이다."[13]

이라크에서 몇백 마일 떨어진 곳에서는 이스라엘 군인들이 가자지구의 팔레스타인 사람들을 죽이면서 2014년 여름을 보냈다. 이스라엘도 가뭄을 겪고 있었지만, 가자는 이스라엘의 군사 공격 때문에 참담할 정도로 극심한 물 부족 위기에 처해 있었다. 국제적십자위원회는 2014년 여름에 이스라엘이 발사한 폭탄의 목표가 팔레스타인의

13 Eric Holthaus, "New Study Says Climate Change Helped Spark Syrian Civil War", Slate.com, March 3, 2015에서 인용. slate.com/technology/2015/03/study-climate-change-helped-spark-syrian-civil-war.html

우물과 상하수도 시설이었다고 보고했다.[14] 전과 다른 것은 이번에는 물과 석유가 아니라 물과 가스였다는 점이다. 일부 관찰자들은 이스라엘의 '프로텍티브 엣지 작전'이 2010년 동지중해의 가자지구 앞바다에서 발견된 대규모 레비아탄 천연가스전에 대한 통제를 더욱 굳건히 하기 위한 것이었다고 말한다.[15]

한편 북쪽으로 수천 마일 떨어진 곳에서는 러시아의 후원을 받는 분리주의자들이 선거로 수립된 우크라이나 정부를 지키는 극우 민족주의 민병대와 전투를 벌였는데, 이 당시 우크라이나도 가뭄을 겪고 있었다.[16] 이 충돌에서

14 International committee for the Red Cross, "Gaza: Water in the line of fire", news release, July 15, 2014. Ahmed Hadi, "Health crisis looms in Gaza after Israelbombswaterinfrastructure", Al-AkhbarEnglish, July 17, 2014.

15 Nafeez Ahmed, "IDFs Gaza assault is to control Palestinian gas, avert Israeli energy crisis", The Guardian, July 9, 2014.Julie Lévesque, "Israel Steals Gaza's Offshore Natural Gas: $15 Billion Deal with Jordan", Global Research, September 06, 2014. www.globalresearch.ca/israel-steals-gazas-offshore-natural-gas-15-billion-deal-with-jordan/5399736

16 Jeff Wilson, "Ukraine's Wheat, Corn Face Mounting Drought Risk, martell Says", Bloomberg.com, March 5, 2014. www.bloomberg.com/news/2014-03-05/ukraine-s-wheat-corn-face-mounting-drought-risk-martell-says.html

핵심 쟁점은 러시아의 석유와 가스 수출국으로서의 역할과 러시아에서 우크라이나를 관통해 유럽으로 이어지는 천연가스 파이프라인이었다.

또한 2014년의 가뭄은 과테말라와 온두라스의 난민들을 북쪽에 있는 미국 국경으로 향하게 만들었고, 캘리포니아와 오스트레일리아에서 농작물을 파괴했으며, 에리트레아, 소말리아, 에티오피아, 수단, 우간다, 아프가니스탄, 인도, 모로코, 파키스탄, 중국의 일부 지역 등에서 수백만 명의 삶을 위기 속으로 몰아넣었다. 대규모 시위와 폭동이 보스니아 헤르체고비나, 베네수엘라, 브라질, 터키, 이집트, 태국 등 세계 곳곳을 휩쓸었고 콜롬비아, 리비아, 중앙아프리카공화국, 수단, 나이지리아, 예멘, 인도에서는 격렬한 충돌이 맹위를 떨쳤다. 이렇듯 세계가 불타고 있는 동안에도, 미국은 동유럽과 얼음이 녹고 있는 북극에 대한 통제권을 두고 러시아와 계속 치킨 게임을 벌이고 중국과는 동남아시아, 남중국해의 지배권을 두고 치킨 게임을 벌임으로써 지난 70년간 볼 수 없었던 규모로 세계적 전쟁의 위협을 가하고 있다. 바로 이것이 우리의 현재와 미래다. 가뭄, 허리케인, 난민과 국경경비대, 석유, 물, 가스, 식량 확보 전쟁.

오늘날 우리는 이러한 투쟁의 세계를 둘 중 하나의 방식으로 경험하고 있다. 투쟁의 세계가 우리의 환경이고 우리가 그 안에 있거나 아니면 투쟁의 세계가 이미지, 사회적 흥분, 재전송된 두려움으로 우리에게 오거나. 사람들은 이 행성의 도처에 있는 황폐화된 도시에서 싸우고 죽어가고 있다. 이웃끼리 서로를 죽이고 있다. 할머니들이 폭격을 당한 잿더미에서 피를 흘리며 죽어가고 있고, 아이들이 살해되고 있다. 당신이 이 문장을 읽고 있는 순간에도 그런 끔찍한 일이 벌어지고 있을 것이다. 이런 세상에서 산다는 것은 끔찍한 일이다. 항시적 위험은 온 신경을 곤두서게 만든다. 이런 상황에서는 적을 죽이는 것, 그리고 마음 놓고 잘 수 있는 곳을 갖는 것만이 중요하다. 인간으로의 존엄성은 거의 찾아볼 수 없다.

오래전 미군에 점령된 바그다드에 있을 때 저 세계에서 살았던 것을 기억한다. 지금은 엄청나게 멀리 떨어진 곳에 있는데도, 저 세계는 끊임없는 이어지는 말, 이미지, 요청, 보고서들 속에서 나를 압박해온다. 나는 영상을 본다. 이야기를 읽는다. 이런저런 고통이나 부정의를 보여주는 사진을 보고 뭔가 하고 싶은 마음이 든다. 행동하고 싶은 마음일 수도 있지만, 더 정확히 말하면 감정을 드러내고 싶은 마음이라고 해야 할 것이다. 반대하고 싶은 마음, 느끼고 싶은 마음, 보여주고 싶은 마음. 우리는 보통 이런 느낌이 어디서 오는지 혹은 누구를 위한 것인지 묻지 않지만, 이 정서적 진동을 전달하는 문화 기술이 중립적이 아니라는 것은 누구나 알고 있다. 뉴스 매체들은 소유주의 편견에 맞춰 정보를 가공하고, 페이스북, 트위터, 구글은 숨은 알고리즘을 통해 우리의 인식을 형성한다. 현대 미디어의 전문화와 인구통계학적 표적화는 인식 경로의 수를 감소시키는 경향이 있다. 우리는 우리 자신의 편견이라든가 선재적 욕망과 들어맞기 때문에 갈수록 우리의 특정한 감정적 반응들만을 강화하는 이미지와 진동들, 하나같이 '좋아요(Likes)'와 '마음에 들어요(Favorites)'로 답할 태세가 되어 있는 리스너 집단에게만 감정을 표현하도록 우리를 압박하는 이미지와 진동들만을 받아들인다. 우리의 의식은 게시글이나 기사 제목이 우리의 감정을 유발하면 우리는 다른 사람들에게 그 감정을 유발함으로써 우리의 감정을 방출하는 피드백 시스템들을 통해 매일 형성된다. 페이스북 같은 소셜미디어는 카타르시스를 공유하고, 공격성과 두려움, 연민과 공포의 자급자족적 파도 풀장, 아무 데도 가지 않고 아무것도 하지 않는 정체된 흐름을 만들어낸다.

폭탄이나 경찰에 의해 살해된 아이들의 모습이나 열대성 폭풍이 휩쓸고 지나간 참사 현장을 찍은 사진은 나를 슬픔과 두려움 속으로 몰아넣는다. 그 이미지들을 재전송하면 내가 느낀 슬픔과 두려움이 전해질 것이다. 나의 전송 행위는 나를 이런 일에 연민을 느끼고 그런 일을 비난하는 사람으로 규정지을 것이다. 나는 '경각심을 높이기 위해서'라거나 '공공정책에 영향을 미치기 위해서'라는 말로 재전송을 합리화할 수 있다. 나는 동료 시민들도 나처럼 충격을 받았으면 해. 그러면 그들도 나와 같은 생각을 하게 될 거야. 혹은 그런 끔찍한 일이 일어나는 것을 막기 위해 활동하는 대표들에게 투표하게 될 거야. 그렇게 우리 가운데 많은 수의 사람들이 같은 식으로 생각하고 같은 식으로 느끼게 된다면, 권력 기관은 우리의 말에 귀를 기울이고 우리의 진동에 동조하지 않을 수 없을 것이다. 꿀벌 군체가 정찰하러 나갔던 선발대의 춤을 통해 새 벌집을 지을 자리를 선택하는 것처럼 말이다.

이는 완전히 합리적인 가정이다. 물질적인 인간 집단들은 이런 식으로 작동하기 때문이다. 군중 속에, 농구팀에, 나이트클럽에, 합창단에 혹은 시위에 있어본 적이 있는 사람이라면 신체들이 어떤 식으로 공명하는지 안다. 하지만 정치는 시스템 안에서 신체들을 분배하는 것이고, 우리는 특히 지구온난화의 위협에 대응하는 문제의 경우에 여러 이유에서 물질적인 인간적 방식으로 작동하리라 기대할 수 없는 탄소 연료 자본주의 시스템에서 살고 있다. 그 이유는 다음과 같다. 첫째, 우리의 정치적, 사회적 미디어 기술은 중립적인 것이 아니라 표적 광고, 부의 집중, 이데올로기적 통제 같은 특수 이익에 봉사하도록 발전해왔고, 이 기술을 이용해 가장 강력하게 공명하는 것으로 보이는 진동은 질시, 아부, 격분, 두려움, 증오, 아무 생각 없는 쾌락 등이다. 둘째, 우리가 사회적 진동을 전달하거나 그에 반응을 보일수록 우리의 채널링 습관은 강화되고 자율적인 반성이나 독립적인 비판적 사고는 덜 하게 된다. 시위 구호, 리트윗, 페이스북 포스트의 홍수 속에서, 우리는 더 강력한 공명체가 되고 더 생각 없는 존재가 된다. 셋째, 우리의 사회적 진동이 아무리 강력해진다 해도, 그것들은 결국 아무런 정치적 영향력도 발휘하지 못하는 기계 장치 안에 갇혀 있을 뿐이다. 다시 말해 권력의 흐름과 연결되지 못하기 때문에 정치적 행동으로 전환되지 못한다. 마지막으로 위협에 직면했을 때 인간 집단이 보이는 전형적 반응은 적을 확인하고 편을 짜고 싸울 준비를 하는 것인데, 지구온난화의 경우에는 식별할 수 있는 적을 찾을 수 없다.

그렇다고 사람들이 적을 발견하려는 시도를 중단한 것은 아니다. '월가를 침수시켜라' 시위대는 적이 미국 기업들이라고 말한다. 탄자니아의 자카야 키퀘테와 나우루의 바론 와카는 미국과 영국이 문제라고 말한다. 석유회사 셸과 환경보호기금Environmental Defense Fund은 우리를 방해하고 있는 것이 고집불통의 유엔 관료주의라고 생각하는 것 같다. 버락 오바마는 중국이 문제라는 식으로 이야기했다. 티파티 공화당원들 탓을 하며 그들이 이 문제를 케일을 더 먹고 전기차를 몰면 해결될 수 있는 문제, 다시 말해 도덕 교육과 소비자 운동으로 해결할 수 있는 문제로 날조해버릴 것이라고 믿고 싶어 한다. 한 기후 활동가는 지금까지 배출된 온실가스 총량의 거의 3분의 2가 불과 90개의 기업에 의한 것이라고 주장했는데, 이는 수십억 명의 자가용 운전자, 비행기 승객, 육식주의자, 휴대폰 이용자들의 책임을 면제해주는 편리한 주장이 아닐 수 없다.[17] 적은 바깥 어딘가에 있지 않다. 우리 자신이 적이다. 개인으로서가 아니라 집단으로서의 우리, 시스템, 벌집이.

우리는 탄소에 중독된 벌집 속에서 일하느라 스스로를 죽음으로 몰아넣는 수벌로서의 운명을 어떻게 거부할 것인가, 일종의 사이코패스적 벌 떼 폐사 장애CCD(colony collapse disorder) 속에서 우리 자신을 파괴하는 것을 어떻게 그만둘 것인가? 우리를 점점 더 강렬한 조증적 절망으로 몰아넣는 두려움, 공격성, 위기, 반응의 영구회로를 어떻게 차단할 것인가? 페터 슬로터다이크가 이야기하는 '훼방꾼으로서의 철학자'라는 개념을 통해 지구온난화 문제를 고찰함으로써 이 질문들에 대한 답을 모색해볼까 한다.

17 Richard Heede, "Tracing anthropogenic carbon dioxide and methane emissions to fossil fuel and cement producers, 1854–2010", Climatic Change (2014) 122:229–241

우리는 늘 집단적인 자극의 장에서 살아간다. 우리가 사회적 존재인 한, 이는 바뀔 수 없다. 스트레스는 막무가내로 내게 침투한다. 그리하여 생각은 자유롭지 못하다. 각자에게 생각은 얻어걸리는 것이다. 생각은 신문에서 와서 신문으로 되돌아간다. 내게 주권이라는 것이 있다면, 그것은 통합된 자극이 내 안에서 그냥 사그라들게 내버려두는 식으로만, 혹은 그럴 수 없는 경우에는 그 자극을 완전히 변태되고 검증되고 걸러지고 재부호화된 형태로 재전송하는 식으로만 행사될 수 있을 뿐이다. 자극은 그것과 경쟁하는 어떤 것에도 봉사하지 않는다. 다시 말해, 나는 자극의 확대를 차단하는 정도로만 의견에의 감염에서 면역력을 가질 수 있다. 낯간지러운 표현이지만 굳이 말하자면, 이것이 사회에서 철학자의 사명이다. 철학자의 사명은 주체가 유행하는 주제와 자극의 물결이 흘러 지나가는 통로에 불과한 것이 아니라 훼방꾼일 수 있다는 것을 보여주는 것이다. 고전에서는 이를 가리켜 '숙고'라고 한다. 윤리학과 에너지학은 이 개념과 만난다. 다시 말해 철학적 기능의 담지자로서의 내게는 스트레스-의미론적 연쇄 속에 있는 행위자가 되거나 윤리적 명령의 자동 인형이 될 권리도 욕망도 없다.[18]

슬로터다이크는 집단적 진동으로서의 정치적 기능이라는 개념을 철학적 방해 기능에 비유한다. 중단은 시스템에 충격을 가하고 전체를 산산조각 내는 파괴와는 반대로 연속적인 과정을 정지시키고 유예시킨다. 중단은 박살 내는 것이 아니라 함께 머무는 것이다. 차단이 아니라 성찰이다.

슬로터다이크는 인간 떼에서의 철학자의 역할을 정상에서 벗어나 자신의 리듬에 따라 수벌과 반대되는 춤을 추는 것이라고 생각한다. 집단적 비트에 맞춘 춤도 아니고 기계적으로, 독단적으로, 의무론적으로 움직이는 춤도 아니고 자신과 집단생활 간의 연결을 영구적으로 방해함으로써 우리가 살아가고 있는 장인 사회적 에너지의 파동으로부터 계속해서 스스로를 면역시키는 춤을 추는 것이라고 생각한다. 우리가 스스로를 '스트레스-의미론적 연쇄 속의 전달자'가 되도록 허용하는 한, 우리는 내용과 무관하게 재전송의 채널을 강화하고 대중사회의 자동

18 Peter Sloterdijk, Neither Sun nor Death (New York: Semiotext(e), 2011), 84–85

반사적 결합 조직을 강력하게 만들고 우리 모두를 민족주의, 희생양 만들기, 공황, 전쟁열 같은 바이럴 현상에 빠져들기 쉽게 만든다. 저 사회적 생산의 흐름을 방해하는 것은 모든 훌륭한 철학이 그렇듯이 무정부주의적이고 반생산적이다. 만일 방해가 성공하면, 우리는 멈춰 서서 우리의 세계를 새로운 방식으로 볼 수 있다. 만일 방해가 실패하면 -많은 경우에 실패하며, 심지어 늘 실패하지만- 방해자는 편입되거나 미친 듯이 분노하게 되거나 무시당하게 되거나 파괴된다.

슬로터다이크는 사회적 자극에 대한 자율적 대응은 자극에 대한 반응도 아니고 자극을 전달하는 것도 아니고 자극을 방해해 사그라들게 만들거나 아니면 자극을 완전히 변화시키는 것을 의미한다는 것을 알려준다. 끝없이 이어지는 두려움과 폭력의 이미지에 자유롭게 반응하기 위해서는, 미디어가 제공하는 쾌락과 공포의 영속적 순환에 자유롭게 반응하기 위해서는, 전쟁, 환경 재앙, 지구 파멸을 경고하는 신호에 자유롭게 반응하기 위해서는, 서서히 사그라들거나 변화될 때까지 모든 새로운 자극이 멀리 떨어져 있도록 느낌을 재설정할 필요가 있다. 생명이 붉은 리듬에 따라 맥박 치고 인간 떼가 투쟁의 충동에 맞춰 춤을 추는 동안 방해자는 죽음을 실천한다.

새로운 깨달음

5

제 눈이 태양을 보고 빛을 흠뻑 받게 하소서!
어둠은 숨어 있으니, 남은 빛이 무릇 얼마이리까?
언제 죽은 자들이 태양의 빛을 볼 수 있으리까?
-『길가메시 서사시』 태블릿 IX 중에서[1]

죽음은 우리가 태어나는 순간부터 시작된다. 처음 세상에 나와 빛 속에서 눈을 깜빡이고 울던 순간부터 우리는 무덤을 향해 흔들림 없는 포물선을 그리며 날아간다. 우리는 태동의 축복을 받지만 언젠가는 썩어가도록 정해져 있는 물질적 신체를 가진 유한한 존재다. 그러니 이런 의미에서는 우리는 죽어가는 것에 대해 배울 것이 전혀 없다. 그것은 우리가 인생에서 절대적으로 인정할 수 있는 유일한 것이다.

이런 의미에서 죽어가는 것은 세상에서 가장 쉬운 일이지만, 또한 잘하기 가장 힘든 일이기도 하다. 우리는 숨을 거두기 직전까지 죽음을 회피하고 외면하고 죽음에서 도망치거나 죽음에 맞서 싸운다. 우리의 가장 내밀한

1 Andrew George, trans., The Epic of Gilgamesh: The Babylonian Epic Poem and Other Texts in Akkadian and Sumerian (London: Allen Lane, 1999), 71

본성에는 죽음에 맞서 싸우려는 충동이 있다. 우리가 배고픔을 느끼거나 야망을 품을 때마다, 우리의 신체가 쾌락으로 들뜨거나 우리의 심장이 인정을 갈구할 때마다, 우리가 분노나 두려움으로 몸을 떨 때마다, 그것은 살려고 애쓰는 우리 안의 동물이 하는 것이다. 우리는 살아야만 하는 필연과 죽을 수밖에 없는 필연이라는 두 개의 필연 사이에 끼어 있는 세계로 떨어진다. 그리고 두 개의 필연을 화해시키는 것은 지금까지도 가장 풀기 힘든 수수께끼 중 하나다.

우리 에너지의 많은 부분은 부정하는 데 쓰인다. 어떤 사람들은 최초의 무덤과 조상 숭배에서부터 성형수술과 우주 계획에 이르기까지 죽음을 부정하는 것이 인간 문화의 뿌리이자 근원이라고 말한다.[2] 인류학자 어니스트 베커Ernest Becker는 퓰리처상을 받은 『죽음의 부정The Denial of Death』에서 "다른 것과 달리 죽음에 대한 생각, 죽음에 대한 두려움은

2 Ernest Becker, The Denial of Death (New York: Free Press, 1973). Norman O. Brown, Otto Rank, Robert Jay Lifton의 글과 Thomas Pyszczynski, Sheldon Solomon, and Jeff Greenberg, Tom Pyszczynski, "What Are We So Afraid Of?" 참고.

인간이라는 동물을 늘 따라다닌다"라고 썼다.

"그것은 인간 활동의 주요 동기다. 인간 활동은 대체로 죽음의 불가피성을 피하기 위해, 죽음이 인간의 최종 운명이라는 것을 어떤 식으로건 부정함으로써 죽음을 극복하기 위해 계획된 것이다."[3]

역사적으로 인류는 무수히 많은 시간을 들여 물질적 내세와 형이상학적 내세에 관한 수많은 비전을 만들어냈다. 천국과 지옥, 가족과 민족, 자본주의와 〈스타트렉〉 등. 우리는 자식을 낳고 자식에게 손주를 낳아달라고 압력을 가함으로써 우리의 유전자를 미래로 보낸다. 우리는 죽은 뒤에도 우리의 일부가 살아남는다는 것을 우리 자신에게 증명하기 위해 피라미드, 대성당, 사원, 모스크, 기념물, 마천루를 세운다. 그리고 우리가 세운 건축물이 무너지고 우리가 믿는 신들의 힘이 약해질 때, 우리는 쾌락 쪽으로 관심을 돌리거나 전쟁에 열을 올린다. 호메로스Homeros의 시대 이래로 전쟁을 경험한 사람들이 증언해왔듯이 "죽임에서 얻어지는 안전함에는" 죽음의 쓰라린 맛을

3 Becker, The Denial of Death, ix

없애버리는 "기쁨"이 있다.[4]

우리 삶에 끝이 있다는 진실을 받아들이는 것이 지혜의 시작이다. 몽테뉴Michel de Montaigne가 "철학을 한다는 것은 죽는 법을 배우는 것이다"라고 썼을 때, 그는 이미 수백 년 된 철학적 전통 속에서 사유하고 있었다. 그는 앞선 시대의 대표적 철학자 중 하나인 로마의 웅변가 키케로Marcus Tullius Cicero의 말을 인용하면서 다음과 같이 쓰고 있다.

"키케로는 철학을 한다는 것은 곧 죽음을 준비하는 것이라고 말한다. 그 이유는 학문과 사유는 우리에게서 영혼을 끄집어내 신체 밖에서 바쁘게 지내게 하는데 이는 죽음에 대한 연습이자 죽음과 비슷한 것이기 때문이다. 그게 아니라면, 이 세상에서의 모든 지혜와 추론이 결국은 우리를 죽음을 두려워하지 않도록 가르치는 것으로 귀결되기 때문이다."[5]

키케로는 자신이 죽을 때가 되자 플라톤Plato이 『파이돈Phaedo』에서 소크라테스Socrates의 죽음에 대해 했던

4 James Jones, The Thin Red Line (New York: Dial, 2012), 309
5 Michel de Montaigne, Essays and Selected Writings, 9

설명, 즉 철학이란 영혼을 육체로부터 분리하는 법을 배우는 실천이라는 주장을 재해석한 것이다.[6]

가장 근본적으로 실천된 철학적 휴머니즘이란 훈련을 통해 신체적, 사회적 흐름을 중단시키는 것, 자극에서 의식을 분리시키는 것, 구체적인 경험 자료로부터 개념적 진실을 응축해내는 것이다. 그것은 '죽어감'과 '죽은 상태'에 대한 연구이고, 우리 자신을 넘어선 삶에 더 깊이 투자하기 위해 이 삶에 대한 투자를 철회하는 것이다. 죽음의 지배력과 개별적 삶의 비영속성을 인식하면서 우리는 과거를 미래와, 과거와 미래를 우리와, 나를 너와 연결하는 존재의 거미줄을 긍정한다. 제임스 볼드윈James Baldwin은 "우리는 삶에 대한 책임이 있다"고 말한다.

"그것은 우리가 왔다가 되돌아가는 저 무시무시한 어둠 속의 작은 횃불이다. 우리는 우리 뒤에 올 사람들을 위해

6 "철학의 길에 제대로 전념하는 사람들은 죽음과 죽어감에 대해 스스로 알아서 준비하고 있다는 사실을 보통 사람들은 알지 못하고 있는 듯하네." Plato, Phaedo 64–68, Plato: The Collected Dialogues, ed. Edith Hamilton and Huntington Cairns (Princeton: Princeton University Press, 2005), 46–50.

가능한 한 품위 있게 이 길을 지나가야 한다."[7]

죽는 법을 배우기란 힘들다. 거기에는 실천이 필요하다. 왕도는 없다. 죽는 법을 배우기 위해서는 날마다 자극에서 초탈하기 위해 정신 수양을 하고 날마다 죽음을 상기해야 한다. 그리고 우리는 어떤 것을 실제로 행하기 전까지는 그것을 어떻게 하는지를 정말로 알지는 못하므로 우리가 사는 동안 죽는 법을 배우는 것이 불가능하다는 사실을 받아들여야 한다. 우리는 자신의 마지막 날까지 끊임없이 실천하고 실패하고 다시 시도하고 실패할 것이다. 하지만 그러한 실천 자체가 지혜다. 도겐 선사道元禪師의 말로 하면, "그 길을 올곧게 실천하는 것 그 자체가 깨달음"이다.[8]

내가 이라크에서 배웠고 그 후로도 거듭 배워야 했듯, 죽는 법을 배운다는 것은 버리는 법을 배운다는 것이다. 죽는 법을 배운다는 것은 자아, 미래, 확실성, 애착, 쾌락, 영속성, 안정을 버리는 법을 배우는 것이다. 구원을 내려놓는

7 Baldwin, The Fire Next Time, 92

8 Dōgen Zenji, "A Universal Recommendation for Zazen", Zen Sourcebook: Traditional Documents from China, Korea, and Japan, ed. Stephen Aldiss (Indianapolis: Hackett, 2008), 143

법을 배우는 것이다. 희망을 내려놓는 법을 배우는 것이다. 죽음을 내려놓는 법을 배우는 것이다. 그것은 스토아 철학자 마르쿠스 아우렐리우스Marcus Aurelius처럼 다음을 깨닫는 것이다.

> 인간이 살아 있는 시간은 순간에 불과하고, 실체는 흐름 속에 있으며, 인식은 무디고, 육신은 썩게 마련이며, 영혼은 혼란 속에 있고, 운은 예측하기 힘들고, 명예는 덧없다. 한마디로 말해 신체에 속한 모든 것은 흘러가는 것이고, 영혼에 속하는 모든 것은 꿈과 공상이며, 삶은 전쟁이고 잠시간의 체류이며, 사후의 명성은 망각이다.[9]

죽는 법을 배운다는 것은 독일 철학자 헤겔Georg Wilhelm Friedrich Hegel의 주장처럼 인간 의식이 부정의 변증법을 통해 작동한다는 것 그리고 깨우친 자기의식은 자기 자신의 한계에 대한 의식이자 자기 자신의 죽음에 대한 의식이라는

9 Marcus Aurelius, The Thoughts of the Emperor M. Aurelius Antoninus, Ⅱ.17, trans. George Long (Boston: Willard Small, 1889), 28

것을 깨닫는 것이다.

인간은 이러한 밤, 모든 것을 스스로의 단순함 속에 포함하고 있는 이 텅 비어 있는 무, 직접적으로 인간에게 떠오르지 않고 현재적인 것으로 존재하지도 않는 무수히 많은 표상과 이미지의 풍요로움이다. 여기에 있는 것은 인간적 자연의 내면인 밤, 즉 순수한 자기이다. 환각적인 표상 속에서 순수한 자기는 사방이 밤이다. 갑자기 피투성이 머리가 여기서 나타났다가 사라지고, 갑자기 또 다른 하얀 형상이 저기서 나타났다가 사라진다. 우리가 어떤 사람의 눈을 응시할 때, 우리는 이 밤을 응시하는 것이다. 끔찍해지는 밤을 응시하는 것이다. 왜냐하면 세계의 밤이 그의 눈에서 튀어나와 우리 쪽으로 오기 때문이다.[10]

이 밤은 내가 언젠가 죽을 수밖에 없다는 사실과

10 G.W.F. Hegel, "The Philosophy of Spirit", in Leo Rauch, Hegel and the Human Spirit: A Translation of the Jena Lectures on the Philosophy of Spirit (1805-06) with commentary (Detroit: Wayne State University Press, 1983), 87.

마주쳤을 때 본 얼굴이다. 그것은 우리 모두 조만간 보게 될 얼굴이다. 그것은 우리 자신의 얼굴, 우리 자신의 의식, 우리 자신의 데스마스크이기 때문이다. 그것은 거울 속에서 우리를 기다린다.

이 공空을 받아들인다는 것, 나 자신을 버린다는 것은 특정한 장소나 시간을 넘어 20만 년 전의 최초의 순간까지 거슬러 올라가는 동시에 인류세의 어둡고 걱정스러운 미래를 살아갈 더 커다란 집단적 자아에 대한 나의 책임과 나의 참여를 이해하게 되는 첫걸음일 뿐이다. 우리는 인류다. 우리는 죽은 자다. 죽은 자가 우리가 되었고, 우리는 미래 세대에게 죽은 자가 될 것이다.

우리는 제대로 눈도 뜨지 못하는 상태로, 어리둥절한 상태로 태어난다. 우리가 이해하지 못하는 세계로 보내진다. 이 세계의 어두운 밤 속에서 우리는 미래를 자유의 장으로 인식한다. 우리는 오직 현재 속에서만 개인으로서 이 자유와 대면하지만, 우리의 행동은 과거에 의해 결정되고 그 행동의 완전한 의미는 미래에서만 드러난다. 우리가 지혜로워질수록, 개별적 의식은 스스로가 집단적 삶, 역사 그리고 우주와 복잡하게 얽혀 있다는 것을 밝혀낸다. 우리는 그 안에서 살면서 우리의 충동을 합리화하고 우리의 습관을 패턴화하고 우리의 행동을 집단적 리듬에 연결, 접속하는 개념적이고 서사적인 구조을 통해 삶을 만들어간다. 우리의 의미와 욕망을 만들어내는 문화 기술이 바로 그 구조들이다. 페이스북은 코란과는 다른 방식으로 욕망을 형성하고, 또한 페이스북과 코란은 웨스트 엘름 목록, 에밀리 디킨슨Emily Dickinson의 시, 태극권, 이그보 족Igbo의 뉴야마 축제, 민주주의, 파스카, 시장, 혹은 멕시코의 텔레노벨라Telenovela와는 다른 방식으로 욕망을 형성한다.

다른 동물과 달리 영장류 인간만이 가진 생득적 특징은 집단적인 상징 조작 능력이다. 호모 사피엔스만이 아니라 다른 인간 종도 언어로 소통하고 사회를 이루고 건물을 짓고 도구를 사용하고 웃고 감정을 보여준다. 불과 간단한 사회적 기술들조차도 호모 에렉투스Homo Erectus와 네안데르탈인에게서 물려받은 것이다.[11] 그러나 선사

11 '네안데르탈인/무스테리안기와 크로마뇽인/후기 구석기 시대의 조합으로 구성된 인공물 조립의 간헐적 발견'을 통해 네안데르탈인이 기본적인 문화를 발전시켰다는 몇 가지 증거가 있다. Klein, The Human Career, 654

시대의 얼음투성이 땅에서 우리 종은 그전에는 볼 수 없었던 고도의 상징적 의사소통을 발전시키기 시작했다. 우리는 죽은 자가 말하게 하는 법을 배웠고, 아직 태어나지 않은 자에게 우리 생각을 전하는 법을 배웠다. 미래를 보는 법을 배웠다. 현재로부터 시간과 공간을 초월하는 개념적 실재를 추상해내는 법을 배웠다. 과거의 빙하 시대를 거쳐 인류세의 긴 여름을 맞이하면서, 우리는 도구, 모피, 불을 가져왔다. 그리고 우리의 최고의 보물이자 가장 강력한 적응 기술을 가져왔다. 이미 죽은 자를 구원할 수 있는 유일한 것이라는 점에서 인류세에 우리를 구원해줄 유일한 것을 가져왔다. 바로 기억이다.

지금으로부터 3천 년 전에, 미케네Mycenae의 전사 무리가 아나톨리아Anatolia 연안의 성벽 도시를 습격해 불태웠다. 경험적 증거가 부족한 탓에, 정확히 무슨 일이 있었는지는 추측만 할 수 있을 뿐이다. 우리에게는 파괴된 도시에 대한 고고학적 유물이 있긴 하지만, 불이 났었다는 증거와 몇 개의 화살촉이 전부다. 이것도 지난 130년 동안에 겨우 발굴된 것이다. 또한 우리에게는 약 2,700년 전에 먼저 말로 쓰였다가 나중에 기록된 것으로 보이는 두 편의 장편 서사시가 있다. 이 시들은 그들의 습격에 대해 이야기한다. 원래 파피루스 혹은 양피지 두루마리에 기록되었던 이 두 편의 시는 시간이 가면서 고대 그리스의 도시국가들, 로마 제국, 비잔틴 문명 그리고 근대 유럽과 미국 문학에 권위 있는 텍스트가 되었고, 플라톤에서 존 밀턴John Milton, 알렉산더 포프Alexander Pope, 토머스 제퍼슨Thomas Jefferson, 시몬 베유, 데릭 월컷Derek Walcott에 이르는 사상가들에게 영감과 영향을 불어넣어주었다. 이 장편 서사시는 가족에서 가족으로 전해지면서 살아남았고 사원과 도서관에 보존되었으며 수도사와 시인들에 의해 재복사되었다.

호메로스의 시가 쓰여 있는 수백 개의 파피루스나 양피지 조각은 제작 연도가 2,300년 전까지 거슬러 올라가지만, 『일리아스Ilias』의 완전한 필사본으로 가장 오래된 것은 10세기에 만들어진 것이다. 고전학자 마틴 웨스트Martin West는 "이 위대한 책을 만드는 일은 판에 박힌 듯이 그대로 베끼는 필사 행위가 아니라 중요한 학문 활동이었다"라고 말한다.[12] '베네투스 A'라고 불리는 이 완전한 필사본은 베네치아에 있는 산 마르코 공공도서관이

소장하고 있으며, 하버드 대학교에서 디지털화했다.[13] 온라인에 들어가면 볼 수 있다.[14]

누군가가 『일리아스』를 처음 글로 기록하고 나서 4백 년쯤 뒤에, 아이스킬로스Aeschylus라는 이름을 가진 아테네의 포도주 양조업자이자 참전 용사가 포도주의 신인 디오니소스를 기리는 연례 종교 축제의 공연용으로 희곡 4부작을 썼다. 이 가운데 세 편의 희곡은 아트레우스Atreus 왕가의 피비린내 나는 이야기와 아테네 법률의 기원을 다룬다. 첫 번째 희곡에서 아가멤논Agamemnon 왕은 트로이 전쟁을 끝내고 집으로 돌아오지만 아내인 클리타임네스트라Clytaemnestra에게 살해된다. 몇 해 전 아가멤논이 트로이를 향해 군대를 출항시키면서 자기 딸을 제물로 바치는 끔찍한 죄악을 저지른 것에 대한 보복이었다.

12 Martin L. West, Studies in the Text and Transmission of the Iliad (Munich: K.G. Saur, 2001), 140. 나는 『일리아스』의 보존과 빠른 전파에 대해서는 앞의 책 5~7쪽에 나오는 웨스트의 설명에 의존했다.

13 Amy Hackney Blackwell, "Robot Scans Ancient Manuscript in 3-D," Wired, June 5, 2007. archive.wired.com/gadgets/miscellaneous/news/2007/06/iliad_scan

14 www.homermultitext.org

아가멤논의 전리품이었던 노예 카산드라Cassandra는 아가멤논이 살해될 것을 예언했지만 그의 외침을 귀담아들은 사람은 아무도 없었다. 클리타임네스트라가 카산드라를 죽여 아가멤논 옆에 눕히면서 그의 외침은 비명으로 끝나고 만다. 여왕은 복수에 성공했지만, 두 번째 희곡 『제주를 바치는 여인들Choephoroi』에서는 자기 아들 오레스테스Orestes에게 살해당한다. 이 희곡들은 저항할 수 없는 투쟁의 욕망, 폭력과 살인죄와 피의 복수의 끊임없는 교대와 회귀, 두려움과 공격성, 욕망과 죽음의 끊임없는 순환에 대한 서사적 형상화다.

하지만 이 희곡들은 순환으로부터의 탈출구도 보여준다. 세 번째 희곡 『에우메니데스Eumenides』에서 아폴론과 아테나는 오레스테스의 운명을 두고 논쟁을 벌인 끝에 그에게 무죄를 선고한다. 오랫동안 이어진 복수의 법을 구현하고 오레스테스를 죽을 때까지 쫓아다니려 했던 분노의 여신들 에리니에스Erinyes는 아테나에 의해 에우메니데스, 즉 '자비로운 여신들'로 변화되고 아테네 법의 수호자가 된다. 성찰을 통해, 정의는 복수에서 자비로 바뀐다.

4부작의 마지막 작품인 사티로스극 『프로테우스Proteus』

는 사라지고 없다. 앞서 언급한 세 편의 희곡이 고대 그리스 때부터 전해져 현존하고 있는 유일한 드라마 삼부작이다. 아이스킬로스는 모두 합해 70~90편의 희곡을 쓴 것으로 추정되는데, 오늘날 우리에게 남아 있는 것은 일곱 편뿐이다. 이는 매우 상징적이다. 고대 그리스 문화는 거의 대부분 사라지고 없으며, 극히 일부만 전해지고 있을 뿐이다. 그러나 플라톤과 아리스토텔레스의 저작들, 소포클레스Sophocles와 에우리피데스Euripedes의 일부 희곡, 사포Sappho와 칼리마쿠스Callimachus가 쓴 시의 파편들, 크세노폰Xenophon과 헤로도토스Herodotos와 투키디데스Thucydides가 쓴 역사 등등 지금까지 전해지고 있는 고대 그리스의 문화는 그보다 불과 몇백 년 전인 호메로스 시대와 호메로스의 시에 의해 전설이 된 미케네와 히타이트Hittite 문화 때부터 지금까지 전해지고 있는 소문과 파편들에 비하면 엄청나게 많은 것이다.

야만적 시대의 유물에 왜 신경을 쓰는가? 호메로스와 아이스킬로스가 이라크, 시리아 등 이슬람국가나 지구온난화와 무슨 관계가 있는가? 저 유물을 자세히 보면, 고대 그리스인들은 이상해 보이고 심지어 야만적으로까지 보인다. 그들은 우리와 달리 자유의지를 믿지 않았다. 그들은 진보를 믿지 않았고, 당연히 보편적 인권을 믿지 않았다. 그리스인들의 운명 개념은 받아들이기 힘들다. 그들의 정의관은 무자비해 보인다. 왕들과 신들은 변덕스럽고 잔인하며, 죄를 지으면 대개 무시무시하게 고통스러운 처벌을 받는다. 『오이디푸스 왕Oedipus Rex』과 『일리아스』처럼 우리가 잘 아는 이야기에서도, 이 고대인들은 원시적일 뿐만 아니라 비합리적이고 미신적이고 심지어 미친 것처럼 보이는 방식으로 행동한다. 하지만 그들이 바로 우리다. 역사적으로도 그렇고, 유전적으로도 기술적으로도 그렇다.

아이스킬로스와 현재 사이에는 털끝 만한 간격의 인간적 시간이 있을 뿐인데, 바로 그 시간 동안에 우리가 현대적인 것으로 생각하는 모든 것이 출현한다. 우리의 언어, 사상, 건축, 문화의 문법, 어휘, 통사론에는 고대의 기억들이 내장되어 있다. 우리의 인지와 담론의 상징적-인식론적 구조들은 역사를 지니고 있을 뿐만 아니라 역사로 구성되며 '아스트론astron', '노모스nomos', '게ge', '로고스logos', '안트로포스anthropos', '카이노스kainós' 같은 단어로 만들어진다. 우리의 사상과 서사는 아킬레스와 카산드라 같은 퇴적된 원형들, 운명, 정의, 민주주의 같은 개념들,

그리고 관념의 관념-보이는 것, 형식, 형상을 의미하는 에이도스eidos-을 재료로 만들어진다.

현재의 개념적, 상징적 삶의 구조의 역사적이고 문헌학적인 계보를 살펴보는 것은 우리가 누구이고 누구였는지, 앞으로 어떤 존재가 될 것인지를 인식하는 데 도움이 된다. 전 세계의 인간 문화를 종적, 횡적으로 비교 연구해보면, 바로 지금 여기에서 일하는 우리는 특정한 방식이 특정한 상황에 적응하다가 우연히 만들어진 결과이기도 하지만 동시에 과거로부터 물려받은 도구와 기술 그리고 의미 추구와 상징적 추론이라는 인간의 보편적 형판을 가지고 적응한 결과이기도 하다는 것을 알 수 있다. 나는 주로 그리스의 사례에 의거했지만, 오늘날 전 지구적 문명의 뿌리는 아카드, 수메르, 중국, 인도, 메소아메리카Mesoamerica, 유대, 이집트, 누비아Nubia, 북쪽 끝의 땅 툴레Thule, 도싯Dorset 등 매우 다양하다. 인간이 사는 곳 어디에서든 우리는 의미를 만든다. 저 지혜의 기록, 죽은 자의 유산은 미래에게 보내는 우리의 가장 귀중한 선물이다.

인문학 연구는 인간의 상징적 삶의 뿌리와 거기서 파생된 변종을 끈기 있게 보살피는 것이다. 이러한 보살핌은 오늘날 많은 사람이 생각하는 것처럼 수집품을 모으고 관리하고 전시하는 큐레이션 같은 것이 아니다. 그것은 적극적 주의注意이고 경작이고 만들고 다시 만드는 것이다. 아카이브를 위해 그것을 저장하고 지도로 만들고 디지털화하는 것만으로는 충분하지 않다. 그것은 가공되어야 한다. 한나 아렌트Hannah Arendt는 말한다.

> 모든 사유가 기억으로 시작된다는 것이 사실이라면, 어떤 기억도 응결, 정제를 통해 개념적 사유의 틀 속으로 들어가 그 안에서 스스로를 더욱 단련시킬 수 있지 않을 경우에는 안전하게 유지되지 못한다는 것 또한 사실이다. 경험들 그리고 사람들이 행하고 겪는 것에서 만들어지는 사건과 사고에 관한 이야기도 거듭해서 언급되지 않으면 생활 세계와 생활 행위에 내재하는 덧없음 속으로 가라앉아 사라진다. 유한한 인간의 일을 그 본질적인 덧없음으로부터 구원하는 것은 그것들에 대해 끊임없이 말하는 것뿐이지만, 이러한 끊임없는 언급도 만일 그로부터 미래의 기억을 위한 그리고 순전히 참고용으로라도 쓰일 만한 개념들, 지침들이 생겨나 떠오르지 않는다면 결국 덧없는 것이 되고 만다.[15]

기억 없는 삶의 덧없음에 맞서 우리가 할 수 있는 것이라고는 이러한 미세한 덧붙임뿐이다. 파피루스는 썩고, 종이는 불타고, 박물관은 약탈당하고, 하드드라이브는 부서진다. 우리의 집단적인 문화 활동이 얼마나 취약한지는 이 장의 첫머리에 실린 인용구와 그 인용구가 들어 있는 장편 서사시가 잘 보여준다.

지구상에서 가장 오래된 문학 작품 중 하나인 『길가메시 서사시』는 추정컨대 기원전 21세기나 20세기경에 점토판에 처음 새겨졌고 그 후 거의 2천 500년 간 사라졌다가 19세기 중반에 모술Mosul 출신으로 아시리아Assyria를 연구하는 고고학자 호르무즈 라삼Hormuzd Rassam에 의해 발견되었다.[16] 이 서사시가 살아남을 수 있었던 단 하나의 이유는 그 시가 관료적·상업적 업무 처리를 위해 고대 필경사들이 거쳐야 하는 기계적 훈련의 필사 대상이었기 때문이다.

『길가메시 서사시』는 강력한 힘을 지녀 찬양되었으나 폭정을 펼쳐 원한을 사게 된 '미쳐 날뛰는 성난 황소'인

15 Hannah Arendt, On Revolution (New York: Penguin, 2006 1963), 212

16 Andrew George, Introduction to the Epic of Gilgamesh (London: Allen Lane, 1999), xⅳ-xxx.

우루크의 왕 길가메시Gilgamesh에 대해 이야기한다.[17] 이 서사시는 노래한다. "그는 이유 없이 우루크의 청년들을 공격하네/길가메시는 어느 아들도 자유롭게 아비에게 가게 내버려 두질 않네/낮이고 밤이고 그의 폭정은 점점 가혹해지네." 우루크의 여인들은 구원의 기도를 올리고 우루크의 모든 신부의 처녀성을 억지로 취하는 길가메시의 폭정에 대해 하소연한다. 신들이 여인들의 기도를 듣는다. 그 신들 가운데 하나가 길가메시와 겨룰 야생 인간을 만든다. 엔키두Enkidu는 온몸이 털로 뒤덮인 인간이자 야수다. 이 세상으로 보내진 엔키두는 영양 떼와 함께 달리고 사냥꾼들이 쳐놓은 덫을 파괴한다. 마침내 그가 한 짓에 대해 듣게 된 길가메시는 우루크 출신의 샴하트Shamhat라는 여인을 보내 그를 길들이게 한다. 샴하트는 엔키두를 찾아 유혹하고 옷을 입히고 빵을 먹고 술을 마시는 법을 가르치고 도시 생활의 놀라운 것들에 대해 이야기해준다. 하지만 결혼식 첫날밤에 다른 남자의 신부를 취하는 길가메시의 습관에 대해 듣자, 엔키두는 얼굴이 분노로 파래져 우루크로

17 George, The Epic of Gilgamesh

달려간다. 엔키두는 우루크에 도착하자마자 길가메시에게 결투를 신청하지만, 그들의 싸움은 무승부로 끝나고 두 사람은 서로 끌어안고 친구가 된다.

전형적인 버디 무비처럼 엔키두와 길가메시는 신들의 비밀 거처인 삼나무 숲으로의 여정을 함께한다. 거기서 그들은 괴물 훔바바Humbaba를 죽이고 거대한 삼나무들을 베어버린다. 엔키두와 길가메시가 우루크로 돌아오자, 사랑의 여신 이슈타르Ishtar가 길가메시를 유혹한다. 하지만 길가메시는 이슈타르의 청혼을 거절한다. 이슈타르는 우루크를 파괴하고 길가메시를 죽이기 위해 무시무시한 하늘의 황소를 내려보낸다. 엔키두와 길가메시는 전세를 역전시키고 황소를 죽인다. 그날 밤, 엔키두는 신들이 두 사람이 선을 너무 많이 넘었으니 둘 중 하나는 죽어야 하는데 엔키두를 죽게 하자고 선포하는 꿈을 꾼다. 깨어난 엔키두는 길가메시에게 꿈 이야기를 한 후 병든다. 그 후 엔키두는 한탄을 늘어놓다가 죽는다.

길가메시는 슬픔을 가누지 못한다. 죽음의 두려움 속에서 그는 친구의 죽음을 슬퍼하면서 불멸의 비밀을 알아낼 수 있으리라는 희망을 안고 저승으로 통하는 길을 찾아 세상을 떠돌아다닌다. 마침내 길가메시는 저승으로 가는 문을 발견하고 12간지 시의 어둠을 통과해 아름다운 정원에 이른다. 이 정원에서 그는 전설의 대홍수에서 살아남아 영생을 얻은 우트나피시팀Utnapishtim을 만난다. 길가메시는 영생불사의 비밀을 알려달라고 부탁하고, 우트나피시팀은 대홍수에 앞서 자신이 '들녘의 야수들, 야생 생물들, 온갖 기술과 솜씨를 지닌 장인들'을 실을 수 있는 거대한 배를 건조하라는 신의 명령을 어떻게 받았는지에 대해 이야기한다. 그리고 어느 날, 신들의 예언처럼 비가 내리기 시작했다.

> 하루 동안 강풍이 불어 나라를 초토화했네,
> 강풍이 빠르게 불었고, 그러다 대홍수가 왔네.
> 전투처럼 대재앙이 지나갔네.
> 사람들 위로.
> 엿새 낮과 이레 밤 동안,
> 바람이 불고 폭우가 쏟아졌네.
> 강풍이, 대홍수가 육지를 초토화했네.

비가 멈춘 후, 우트나피시팀은 비둘기와 참새를 날려보냈지만 둘 다 되돌아왔다. 그 후 까마귀를 날려 보냈고, 까마귀는 돌아오지 않았다. 물이 빠지자, 신들은 우트나피시팀과 그의 아내를 영생불사의 몸으로 만들었다. 우트나피시팀은 길가메시에게 엿새 낮과 이레 밤 동안 잠들지 않고 버티면 영생을 얻을 수 있다고 말한다.

길가메시는 깨어 있으려고 기를 쓰지만, 첫날밤에 눈이 감기고 그는 일주일 동안 잠을 잔다. 우트나피시팀이 깨웠을 때 길가메시가 너무 괴로워하자, 우트나피시팀은 길가메시를 측은히 여겨 그에게 젊어지는 기적의 식물을 준다. 하지만 길가메시는 집으로 돌아오는 도중에 그 식물을 뱀에게 잃고 만다. 뱀이 그 식물을 밤중에 몰래 훔쳐간 것이다. 강력한 왕 길가메시는 삶의 덧없음을 저주한다. 그는 울부짖는다.

"우르샤나비Urshanabi(길가메시를 우트나피시팀에게 안내한 뱃사공_편집자 주), 누구를 위해 내 팔이 그리 힘들게 일했을까? 누구를 위해 내 심장의 피가 말랐을까?"

우리는 대답할 수 있다. 우리를 위해, 미래를 위해서라고. 지금으로부터 거의 4천 년 전에 『길가메시 서사시』는 문명의 이야기를 전한다. 이 서사시의 첫머리에 등장하는 주요 이야기인 엔키두라는 야생 인간 길들이기는 마지막 장에서도 반복된다. 마지막 장에서 광분한 길가메시는 결국 죽음의 진실을 받아들이는 법을 배운다. 엔키두와 길가메시는 수렵-채집 단계와 농업 단계라는 사회 발전의 두 단계를 상징한다. 길가메시로 구현된 농업 문명의 절대주의적 요구들은 야생의 절제된 지혜 없이는 폭압적이다. 그러나 문명과 야생이 서로 힘을 합칠 경우 성스러운 질서를 파괴하는 가공할 만한 전쟁 기계가 출현한다. 신들은 야생 인간이 죽어야만 한다고 선포하고, 강력한 왕 길가메시는 결국 인간으로서의 한계에 굴복한다.

『길가메시 서사시』는 기후변화의 대재앙 이후에 문화적 유산을 유지하고 회복하는 것의 중요성에 대한 교훈을 제공한다. 이 서사시의 서두에 쓰여 있듯, 길가메시는 비밀스러운 것을 보았고, 감추어진 것을 발견했고, 대홍수 이전의 이야기를 안고 돌아왔다. 학자이면서 이 서사시의 번역자인 앤드류 조지Andrew George는 다음과 같이 설명한다. "이 서사시에서 프롤로그가 함축하고 있는 의미는 대홍수 이후 태고의 질서를 회복하는 데서, 특히 신들에게 마땅한 영광을 돌리는 의례를 복구하는 데서 길가메시가 핵심적 역할을 했다는 것이다. 시인은 암시 정도로 그치려 했겠지만, 길가메시에게 자기 나라를 재문명화할 책임이 있었다는 것은 분명하다."[18]

길가메시는 죽었지만 전설로, 상징으로, 우리 자신에 대한 성찰로 여전히 살아 있다. 이런 의미에서 『길가메시 서사시』는 우리의 심원한 문화유산의 취약성만이 아니라 그것의 지속성도 보여준다. 나는 이를 눈앞에서 직접 목격한 적이 있다. 이라크의 헤비메탈 밴드 아크라시카우다Acrassicauda에게 그들이 발표한 〈길가메시〉라는 제목의 첫 번째 정규 앨범에 대해 물어본 적이 있다.[19] 그때 이 밴드의 드러머이자 리더인 마르완 후세인Marwan Hussein은 이라크의 뿌리인 고대 수메르와 연결되어 있으면서 지금 이라크의 상황을 이해하는 하나의 길을 제공한다는 점에서 『길가메시 서사시』를 길잡이로

18 George, Introduction, Gilgamesh, 1

19 바로 뒤에 이어지는 내용은 음악 잡지 「롤링 스톤Rolling Stone」에 실린 내 글에 기초한 것이다. Roy Scranton, "An Iraqi Band's (Semi) Happy Ending", Rolling Stone, April 9, 2015.

앨범을 만들기로 했다고 말했다. 후세인은 말했다.
"『길가메시 서사시』는 매우 기이한 이야기예요. 하지만 어떤 점에서는 매우 현대적이에요. 그것은 어떤 점에서는 오늘날 중동에서 벌어지고 있는 일에 대한 이야기라고 할 수 있어요. 길가메시는 독재자였어요. 그는 아주 훌륭한 왕이 아니었어요. 그는 약한 사람이었어요. 내가 보기에, 그는 마지막 순간이 올 때까지 길 잃은 영혼이었어요. 그는 마지막 순간이 돼서야 자신이 언젠가 죽을 수밖에 없다는 사실을 받아들이게 되죠. 결국 이 서사시는 거듭남에 대한 이야기예요."

거듭남, 부활은 아크라시카우다 멤버들에게 공감을 불러일으키는 개념이다. 그들은 사담 후세인의 이라크에서 성장했고, 2003년 미국의 이라크 침공 속에서 살았고, 2005~2006년의 종파 간의 무자비한 내전을 피해 이라크에서 탈출했으며, 「바이스VICE」의 공동 창간인인 수루스 알비Suroosh Alvi가 이 밴드에 대해 만든 다큐멘터리 「바그다드의 헤비메탈Heavy Metal in Baghdad」 덕분에 시리아와 터키를 거쳐 미국에 도착했다.[20] 바그다드에서 밴드를 결성하고 불법 카세트로 메탈리카와 슬레이어의 음악을 들으며 연주 연습을 한 지 15년 만에 그들은 첫 번째 앨범을 발표했다. 그것은 그들의 예술적 야심을 보여주는 증거이자 그들이 처한 독특한 역사적 상황에 대한 성찰이자 그들의 유산을 기리는 기념물이었다. 후세인은 말했다. "우리는 중동의 메탈 앨범을 만들려 했어요. 앨범 전체를 우리가 만들었어요. 우리는 퍼커션도, 다라부카darbuka도 직접 연주했고, 박자 기호도 직접 그렸고, 노래도 직접 불렀어요. 우리는 이 앨범을 우리가 할 수 있는 한 가장 아랍적인 것으로 만들고 싶었어요."

아크라시카우다는 서로 얽혀 있는 우리의 문화적 기술을 구축하고 개조하는 힘든 일을 하고 있다. 그들이 반드시 그래야만 할 이유는 없었다. 그들의 운명은 완전히 달랐을 수도 있다. 이라크에서도, 시리아에서도, 심지어 뉴저지에 사는 난민으로서도, 아크라시카우다는 온갖 핑계를 동원해 자신들의 상황을 받아들이는 것을 포기로 오해하거나 증오를

20 아크라시카우다에 관한 이야기는 내가 인터뷰한 내용과 아래의 자료를 참고했다. Heavy Metal in Baghdad, DVD, directed by Surrosh Alvi (Brooklyn: Vice Films, 2007); Andy Capper and Gabi Sifre, Heavy Metal in Bagdad: The Story of Acrassicauda (New York: Pocket Books, 2009)

정의로 착각할 수도 있었을 것이다. 또한 그들은 바그다드에 머물며 외국의 침략자들에게서 조국을 해방시키기 위해 싸웠을 수도 있다. 실제로 많은 사람이 그렇게 했다. 다른 많은 사람은 선택을 달리해 미국인이나 알카에다를 위해 싸웠다. 이들과 달리, 후세인과 밴드 멤버들은 음악과 예술을 선택했다. 그들은 문화 간의 연결, 우리가 공유하고 있는 리듬, 공동의 전통을 탐구하고 강화하는 쪽을 선택했다. 팬들을 위해 전통과의 연결을 유지하면서 편협한 지역주의와 갈등을 초월하는 희망을 형상화하고, 폭력이 아니라 품위와 상호 지지를 통해 전쟁에서 살아남는 용기를 형상화하고, 고통에 시달린 길가메시 왕처럼 죽지만 되살아나는 법을 배울 수 있는 가능성을 형상화했다.

호메로스가 아킬레스의 분노를 노래하기 6천 년도 더 전에 그리고 『길가메시 서사시』가 쓰이기 5천 년도 더 전에, 오늘날의 중국, 세르비아, 이라크에 해당하는 지역에 살던 인간들이 뼈와 점토에 기록을 하기 시작했다. 그전에는 비교적 변동이 적은 농업적, 천문학적인 지식이 율동적인 말로 기억되었다. 차차 시간이 지나면서 쓰기라는 새로운 기술 덕분에 우리는 재산, 곡물 저장, 무역 등 더 변화무쌍한 자료도 확보할 수 있게 되었다. 쓰기는 다른 목적으로 발전되었던 과거의 사회적 기술들을 통합시켰으며, 정교함과 중요성이 증가하면서 더 많은 것을 빨아들였다. 제례 음악, 이미지 메이킹, 신화, 종교, 율동 있는 말, 암기, 환유적 연상, 은유적 추상-사회적 적응, 정보 저장, 이데올로기적 사상寫像, 정서 조절, 정치적 조직 등의 기술들-은 불과 수천 년 내에 모두 말의 문자적 재현으로 연결되었다.

처음에 쓰기는 진흙과 돌을 통해, 그다음에는 파피루스, 양피지, 종이를 통해, 증기 기관 출현 이전에 인간에게 가장 중요한 단 하나의 발명품이 되었고, 광범위한 사회 변혁을 가져왔으며, 놀랍기 그지없는 새로운 기술 창조를 가능하게 했다. 우루크에 살던 고대 수메르인들은 쓰기를 바탕으로 수학을 발전시켰고, 수학을 이용해 세계 속의 물리적 관계에 대한 추상적이면서도 정확한 모델을 만들어낼 수 있었다. 성문법은 정치적, 종교적 권위에 구체적인 형태를 부여했다. 정보를 추적, 비교할 수 있게 되면서 참여권자는 증거를 심사할 수 있게 되었고, 이는 수 세기를 거치는 동안 경험주의와 과학적 방법을 낳았다. 1450년 구텐베르크 인쇄술의 출현과 그로 인해 염가의 책이 급증하면서 -18세기에는 수동식 인쇄기, 19세기와 20세기에는 증기와 석탄을 동력으로 하는 기계적 인쇄기 덕분에- 글을 읽을 수 있는 사람이면 누구나 방대한 양의 정보에 접근할 수 있게 되었다. 곧 삶의 최고의 표현은 읽고 쓸 줄 앎, 즉 문해력과 동의어로 여겨지게 되었다. 문해력으로서의 휴머니즘은 19세기와 20세기 초에 대량 생산된 음향·영상 재생 기술-축음기, 라디오, 영화, TV-이 출현하면서 필요 없어졌다가, 개인용 컴퓨터와 인터넷이 출현하면서 디지털 -문해력으로서의- 휴머니즘으로 혹은 포토휴머니즘Photohumanism이라 부를 수 있는 것으로 재통합되고 변형되었다.

이제 삶은 분명히 새로운 형태가 되었다. 인류는 집단적 에너지, 어두워진 지구 전역에서 무리 지어 돌아다니는 빛, 지질학적 강제, 데이터와 흐름이라는 사실이 밝혀졌다. 우리는 원격조종 장치와 자율적인 앱 그리고 시간의 흐름 속 순간들과 시간의 흐름에서 벗어나 있는 순간들과 연결된 상태로 네트워크, 웹, 벌집에 산다. 우리는 더 이상 개별적 주체나 개별적 객체가 아니다. 우리는 진동, 영매, 트위터, 팔로워가 되었다. 포토휴머니즘은 장치를 통해 우리를 연결함으로써 라디오, 신문, 잡지, TV, 영화보다 훨씬 빠른 속도로 집단적 연결과 접속을 가능하게 한다.

저 기술들처럼, 포토휴머니즘의 새로운 기술도 잠재력과 위험 모두를 제공한다. 호모 사피엔스-이제는 호모 룩스Homo Lux라는 표현이 더 적절할 것이다-는 생물학적으로 수동적이고, 쉽게 공황 상태에 빠지고, 너무 빨리 증오에 휘둘린다. 2006년 재런 러니어Jaron Lanier는 자신이 명명한 '디지털 마오이즘Digital Maoism'에 관해 경고했다.

"적어도 상당히 가까운 미래에 익명의 네티즌 집합체를 통한 소통과 교육이 충분히 가능해져서 우리가 갑자기 집단 사고의 힘에 쉽게 휘둘리게 될 가능성이 있다. 역사가 반복해서 보여주었듯, 집단 사고는 자동조종장치로 작동될 때 잔인한 백치가 된다."[21]

새로운 사회적 네트워크에도 20세기 초의 라디오 방송, 신문 기사, 영화 필름 못지않게 혹은 그 이상으로 마녀사냥, 전체주의적 전쟁 같은 집단적 광기의 위험들이 존재한다. 지금과 같은 포토휴머니즘의 시대에 우리가 전통적인 인문학 연구를 계속해야만 하는 데는 발달적인 이유도 있고 예방적인 이유도 있다. 즉, 새로운 흐름을 장려하면서 동시에 그 흐름에 대비하기 위해서다.

우리를 뒤덮고 있는 두려움과 공격성의 사회적 진동 속에서도 지구 문명의 파국적 자기 파괴를 직시하고자 분투할 때, 인문학 연구의 오랜 전통을 살아 있게 하는 유일한 길은 죽는 법을 배우는 것이다. 우리는 비판적 사고, 명상, 철학적 토론을 통해 사회적 자극의 스트레스를 중지시켜야 하고, 과거를 계속 살아 있게 하고, 아카이브의 정보를 가꾸고, 저장되어 있는 기억을 읽고 해석하고 분류하고 돌보고 특히 재가공함으로써 현재에 대한 집착을 중단해야 한다. 재조합, 리믹스, 번역, 탈바꿈, 놀이 등을 통해 지각, 정서, 개념을 개조하고 혁신해야 한다. 디테일에 대한 관심, 논증에서의 엄밀성, 주의를 기울여 읽기, 깊이 있는 성찰 등을 가르침으로써 인간이라는 동물 안에 사색의 진동을 주입시켜야 한다. 죽은 자들과의 교감을 지속해야

21 Jaron Lanier, "Digital Maoism: The Hazards of the New Online Collectivism", Edge, May 29, 2006. edge.org/conversation/ digital-maoism-the-hazards-of-the-new-online-collectivism

한다. 왜냐하면 우리가 미래 세대에게는 죽은 자들이듯 그들이 곧 우리이기 때문이다.

전쟁이 시작되었다가 끝난다. 제국이 생겨났다가 몰락한다. 건물이 무너지고, 책이 불타고, 서버가 다운되고, 도시가 바닷속으로 가라앉는다. 인류는 화석 연료 문명이 끝난 뒤에도 살아남을 수 있다. 그 폐허 속에서 어떤 폭정, 어떤 야만 상태가 출현하든 인류는 살아남을 수 있다. 우리는 온실 세계에서도 살아남을 수 있을 것이다. 아마 우리의 후손들은 지구의 나머지가 태양이 작열하는 사막이고 찌는 듯한 밀림이 되더라도 북극해의 해안에 새 도시를 건설할 것이다. 인간이라는 사실이 인류세에서 어떤 의미가 있으려면, 우리 자신을 기억 없는 삶의 덧없음 속으로 침몰하게 내버려 두지 않으려면, 우리는 막대한 희생을 치르면서 엄청난 역경과 싸워 힘들게 얻어낸 수천 년 동안의 지식을 포기하지 말아야 한다. 죽은 자들에 대한 기억을 버려서는 안 된다.

자본주의의 단일 문화와 대량 절멸로 인해 전 세계적으로 생물학적, 문화적 다양성이 위협받고 있다. 우리는 방주를 건설해야 한다. 멸종 위기에 놓인 유전적 데이터를 실어나를 생물학적 방주만이 아니라 절멸의 위기에 놓인 지혜를 실어나를 문화적 방주를 건설해야 한다. 역사적 존재로서의 인간 존재를 이루고 있는 모든 언어로 된 사유의 구체적 기록은 미래에 이루어질 우리의 지적 성장을 위한 씨앗이자 토양, 원천, 자궁이다. 현대 문명의 종말을 대면하고 있는 지금, 인문학의 운명은 다름 아니라 인류의 운명이다.

마무리하는 글

다시, 귀향

마지막 빛줄기가 흐릿해져 가고 있어
스포트라이트가 희미해지기 시작해
그때, 내일이 없어도
사는 게 나아.
– 슬리터 키니Sleater-Kinney ‘페이드Fade’

우리가 아는 한 우주는 빛의 폭발에서 시작되었고, 우리가 아는 모든 것은 별의 대폭발을 통해 존재한다. 회전하며 응축된 암석 덩어리들이 각각의 태양 주위를 돌면서 서서히 은하가 형성되었고 우리가 살고 있는 행성은 45억 년 전쯤에 가스와 먼지로 만들어졌다. 그로부터 10억 년쯤 뒤에 뜨거운 격동의 바다 저 깊은 곳에서 생명이 시작되었다.[1] 미생물이 증식하고 다양해지고 진화했다. 그러나 10억 년 만에 미생물은 이 행성을 거의 불모의 땅으로 만든 기후변화에

1 오스트레일리아에서 발견된 화석은 적어도 348만 년 전에 지구에서 미생물이 살았다는 것을 보여주는 증거다. Nora Noffke, Daniel Christian, David Wacey, and Robert M. Hazen, “Microbially Induced Sedimentary Structures Recording an Ancient Ecosystem in the ca. 3.48 Billion-Year-Old Dresser Formation, Pilbara, Western Australia”, Astrobiology 13:12 (December 2013), 1103-1124.

직면했다. 광합성 생물인 시아노박테리아Cyanobacteria가 빠르게 증식하면서 대기를 가득 채우게 된 산소는 지구를 지배하던 혐기성 박테리아를 거의 완전히 멸종시켰다. 또한 산소는 대기 중의 메탄과 반응을 일으켜 메탄을 감소시켰고 지구를 3억 년 동안이나 이어진 빙하기로 몰아넣었다. 대산소화 사건이 지구의 생물권을 극적으로 바꿔놓은 것이다. 또한 대산소화 사건은 더 복잡한 식물과 동물 생명체가 진화할 수 있게 했다.

지난 20억 년 동안, 개체군 급증과 대량 소멸의 주기적 순환 속에서 단세포 생물과 다세포 생물이 발전했다. 개체의 유전적 계통, 종 전체, 심지어 전체 생태계가 환경과 기후 조건의 변화에 따라 출현하고 진화하고 사라진다. 앞으로 몇십억 년 뒤 우리의 태양이 수명이 다 돼서 더 밝아지게 되면, 지구는 초온실 상태로 달궈질 것이고 지상의 모든 생명체는 절멸될 것이다. 마침내 우리의 태양은 외피층이 팽창하면서 적색거성이 되었다가 붕괴될 것이다. 훨씬 더 거대한 규모로 보면, 우주는 무질서가 증가하는 쪽으로 계속 팽창해나가다가 블랙홀마저 서서히 소멸해 동결된 암흑홀의 어둡고 냉각된 허공 속으로 팽창하든가 아니면 자체적으로 붕괴했다가 다시 폭발하는 수축과 폭발의 끊임없는 순환 속에 있게 될 것이다.

이 놀라운 우주가 우리의 집이다. 다른 것은 없다. 천국도 지옥도 심판도 이상향도 없다. 우리 인간은 우주 속의 암석 위에 벌집을 만드는 다세포 에너지 기계다. 수많은 다른 기계로 이루어져 있고 수많은 다른 기계와 연결되어 있는 기계다. 우리 각자는 소우주다. 한편으로 우리의 피부, 위, 입, 장, 기도에는 무수히 많은 미생물이 살고 있고, 다른 한편으로 우리는 알 수 없는 힘에 의해 형성되고 돌아가고 상호 교차하는 수많은 궤도 안에서 삶을 직조한다. 우리 각자는 모두 기계 안에 있는 기계의 기계로서 항상성의 영속화를 추구하며, 우리의 삶과 죽음은 여름 햇볕에 말라가는 물웅덩이에서 생겨났다 죽는 모기처럼 항상성의 영속화라는 이 거대한 순환의 일부다. 모기나 사람의 경우든 문명의 경우든 생명은 끊임없는 생성 과정이다. 매혹과 혐오, 욕망과 번뇌, 쾌락과 고통의 패턴들의 끊임없는 생성이다. 생명은 흐름이다. 생명이 취하는 형태는 일시적인 것이다. 죽음은 하나의 패턴에서 다른 패턴으로 넘어가는 것일 뿐이다.

행성은 회전하기로 결정하지 않는다. 별은 불타오르기로 결정하지 않는다. 우리가 태어난 우주는 복잡한 수학적 논리에 따라 숨 쉬고 불탄다. 지구의 형성에 원인은 있었지만 이성이나 의미는 없었다. 헤라클레이토스는 말했다.

"이 세계는 모두에게 동일한 바, 어떤 신이나 인간이 만든 것이 아니라 언제나 있어 왔고 있고 있을 것이다. 그것은 적절한 만큼 타고 적절한 만큼 꺼지는 영원히 살아 있는 불이다."[2] 우리의 지구를 만들기 위해 가스와 먼지를 끌어모은 손길 같은 것은 없었다. 먼지도 물체가 될 생각 같은 것은 없었다. 지구의 깊은 바닷속에서 태어난 미생물, 산소를 내뿜는 시아노박테리아, 최초의 식물과 물고기와 파충류, 거대한 공룡, 최초의 포유동물, 영장류의 발전도 마찬가지였다. 호모 사피엔스의 출현에 목적 같은 것은 없으며, 호모 사피엔스에 가치를 부여하는 외부 형상 같은 것도 없다. 인간의 번성 배후에 있는 인과관계는 주사위 던지기의 배후에 있는 인과관계와 동일한 종류의 인과관계다.

2 Heraclitus, fragment 29. Wheelwright, 37

그런데 복잡한 사회적 네트워크, 언어, 의식, 문화를 발전시키면서, 우리는 이 세계에서 행위만이 아니라 의지까지 발견한 신념체계를 통해 삶을 조직하게 되었다. 우리는 날씨에서, 나무에서, 우리 자신 안에서 신을 보았다. 호메로스의 그리스인이 전쟁터를 활보할 때, 격앙되어 있는 그들을 살인으로 몰아간 것은 전쟁의 신 아레스였고, 그들의 손을 멈추게 만든 것은 아테나 여신이었다. 저 고대인들에게, 인간의 의지는 신의 의지에 종속되어 있었으며 모든 것은 운명의 지배하에 있었다. 인과관계를 포착하게 된 것도 우주를 인격화된 힘의 그물로 보았기 때문이다. 시간이 지나 읽고 쓸 줄 알게 되면서 고대 그리스의 현자와 시인은 오늘날에는 기본적인 것으로 여겨지는 인간의 의지와 자연력의 차이를 명확히 구별하기 시작했다. 문자 언어의 독립적 지속을 나타내는 로고스는 인간 정신의 독립적 지속을 나타내는 기본적 은유가 되었다. 우리는 생각의 자유를 믿기 시작했다.

인간의 문명이 생겨났다가 몰락하면서, 전염병과 기근으로 황폐화되거나 기후 조건의 변화로 파괴되거나 유목민 무리에게 유린당하거나 스스로의 타성으로 인해 붕괴되면서 철학자, 성직자, 시인은 세계의 작동 방식만이 아니라 세계의 의미도 이해하고자 노력했다. 인간이라는 사실이 무엇을 의미하는가? 삶의 의미란 무엇인가? 선이란 무엇인가? 진리란 무엇인가? 이런 질문은 우리를 고통스럽게 만든다. 우리는 그런 질문으로 자신을 괴롭히고 지치게 하고 화나게 만든다. 그리고 우리의 삶을 이해하려 하는 그 순간, 우리가 선택할 생각도 없고 이해하지도 못하고 통제할 수도 없는 갈망과 열정의 포로가 되어 끊임없이 사방에서 자극들의 공격을 받는다. 그러나 우리가 반응의 회로를 차단하고 우리를 통해 우리에게 영향을 미치는 힘을 인식하고자 노력하면서, 우리는 이 힘이 어떤 식으로 우리를 연결시키고 우주와 연결시키는 배선 장치인지를 점점 더 잘 알게 된다. 『바가바드기타』에서 크리슈나 신Krishna은 전투가 벌어지기 전날 밤에 아르주나Arjuna에게 말한다.

> 이성적인 지식을 통해
> 우리는 본다. 모든 피조물 안에서
> 불변하는 유일한 존재를,
> 자신에게서 나뉜 것들 안에서 나뉨 없이 존재하는 유일자를.[3]

우리는 유한한 기계지만, 그저 기계인 것만은 아니다. 우리는 에너지를 지닌 진동하는 물체이고, 성간 먼지와 불의 응축이고, 물질이자 생명이고, 연장이자 사유이며, 모멘트이자 주파수이다. 우리의 피 속에 들어 있는 철, 우리가 숨 쉬는 산소, 우리를 구성하고 있는 탄소는 모두 죽어가는 별의 중심부에서 만들어진 것이다. 우리는 빛의 동물이다. 우리는 역사 속에서 고대까지 거슬러 올라가는 포토휴머니즘의 특징을 발견할 수 있다. 그것은 어떤 웹보다도 강력하고 어떤 소셜미디어보다도 깊이 있는 사고다. 『잠언서』는 말한다.

"인간의 영혼은 주님의 등불, 그것은 배 속 깊은 곳까지 살핀다."[4]

불빛 가득한 도시를 떠나 맑은 밤에 하늘을 올려다보면, 우리에게 도달하기까지 수백만 년, 수십억 년의 시간을 달려온 빛줄기를 어둠 속에서 볼 수 있다. 허블 우주 망원경을 통해 촬영한 은하 중 가장 먼 것은 132억 광년

3 Barbara Stoler Miller, trans., The Bhagavad-Gita: Krishna's Counsel in Time of War (NewYork: Bantam, 1986), 138

4 Proverbs 20:27

떨어져 있다.[5] 그 은하의 광자들은 거의 빅뱅 직후부터 지구를 향해 달려오고 있는 중이다. 그 은하에서 나온 빛은 너무 흐려서 맨눈으로는 보이지 않는다. 사실 우주의 대부분은 육안으로는 볼 수 없다. 천문학자들의 추산에 따르면 우리에게 알려진 우주에는 3×10^{65}개의 별이 있는데, 우리가 볼 수 있는 것은 몇백만 개에 불과하다.

이 광막한 우주에 대한 우리의 지식은 터무니없이 부족하지만 동시에 더없이 경이롭다. 특별할 것 없는 평범한 은하의 후미진 곳에서 회전하고 있는 암석 덩어리에서 탄소 쓰레기의 증가가 우주의 나이를 측정하기 위해 전파 망원경을 우주로 보내는 기술을 발전시킨다는 것은 실로 놀라운 일이 아닐 수 없다. 우리 영장류의 호기심과 지적 오만은 깜짝 놀랄 만큼 대담한 일들을 가능하게 했다. 몇천 년 전만 해도, 우리는 진흙에 표시하는 법을 배우고 있었다. 그런데 눈 깜짝할 사이에, 우리의 손길은 영원을 건드리고 있다.

5 www.space.com/17755-farthest-universe-view-hubble-space-telescope.html

우리의 지식과 힘은 이미 정점을 지난 것일지도 모르고, 홀로세에서 인간의 폭발적 증가는 해조류의 번성만큼이나 일시적인 것일 수도 있다. 하지만 우리는 인류세에서 살아남을 수 있는 길을 발견할 수도 있고, 인간 문명을 본래 모습이 어느 정도는 남아 있는 형태로 유지할 수 있는 길을 발견할 수도 있다. 하지만 우리가 살아남을 수 있을지 없을지는 130억 년도 더 전에 이미 정해져 있었다. 이 페이지를 쓰고 있는 나와 읽고 있는 당신이 만나는 지금 이 순간까지의 사건과 반작용의 연쇄를 시작한 양자 에너지의 폭발이 있었을 때 이미 정해져 있었다.

비트겐슈타인Ludwig Wittgenstein의 명제를 각색하면, 우주는 경우의 총체다.[6] 우주는 완벽하고 완전하다. 외부는 없다. 우주는 부족한 것이 전혀 없으며, 지금 있는 것과 다른 것일 수 없다. 어떤 변수에서 약간의 변화만 있어도, 모든 것은 완전히 다를 것이다. 당신이 숨 쉬고 읽고 있는 지금 이 순간이 있기 위해서는 130억 년 동안 일어났던 모든 일이

6 Ludwig Wittgenstein, Tractatus Logico-Philosophicus, trans. C.K. Ogden (New York: Harcourt, Brace, & Co., 1922), 25

정확히 그것이 일어났던 대로 일어나야 한다. 단 하나의 원자도 제자리에서 벗어나 있어서는 안 되고 단 하나의 뮤온Muon도 문제가 있어서는 안 된다. 잘못된 것은 아무것도 없었다. 어떤 실수도 없었다. 어떤 죄, 어떤 오류, 어떤 타락도 없었다. 오직 필연성만이 있었다.

내일도, 모레도, 글피도 그럴 것이다. 만일 우리도 신처럼 모든 광자의 호와 각각의 뉴트리노Neutrino의 진동을 볼 수 있다면, 우리는 단 하나의 수학적 설계도에 배치되어 있는 무한하고 완전한 과거와 미래를 볼 수 있을 것이다.

우리는 결코 그러한 지식에 도달하지 못할 것이다. 우리는 그저 순간적으로, 어렴풋하게 패턴만을 볼 수 있을 뿐이다. 그러나 우리는 모든 것의 친밀하고 필연적인 상호 연결에 대한 이해를 실천하고 함양할 수 있다. 빛은 수백만 마일 떨어진 데서 텅 빈 우주 공간을 지나 우리에게 오고, 우리는 그것을 볼 수 있다. 그 열기는 우리의 피부를 따뜻하게 한다. 기쁨은 우리가 그와 같은 숭고한 힘에 동조되고 연결된다고 느끼는 데서 생긴다. 유일하게 남아 있는 실천적 질문은 지금 있는 대로의 우리가 저 빛이 될 것인가 하는 것이다.

감사의 말

이 책은 수많은 대화와 지적 만남의 산물로 많은 분의 도움과 조언과 지지가 없었다면 세상에 나오지 못했다. 제일 먼저 시티 라이츠City Lights의 편집자 그렉 루지에로Greg Ruggiero에게 감사를 드린다. 그렉은 이 책이 나오게 된 출발점인 「뉴욕 타임즈」에 실린 나의 에세이를 읽고 가능성을 발견해주었을 뿐만 아니라 가장 중요한 생각을 더욱 발전시키도록 도움을 주었다. 아울러 「뉴욕 타임즈」 철학 블로그에서 내 글을 담당하고 있는 편집자 피터 카타파노Peter Catapano와 사이먼 크리츨리Simon Critchley에게 감사드린다. 두 사람은 이 책을 낼 기회를 주었을 뿐만 아니라 큰 도움이 된 생각과 지혜와 격려를 아낌없이 베풀어주었다. 이안 보컴Ian Baucom, 아만다 앤더슨Amanda Anderson, 제인 베넷Jane Bennet 그리고 2013년 여름 코넬 대학교에서 열린 〈비평과 이론 교실School of Criticism and Theory〉에 참여했던 동료들에게도 특별한 감사를 드린다. 이들 덕분에 인류세가 제기하는 철학적 문제에 눈을 떴고 그 문제를 어떻게 다룰 것인지 생각하기 시작했다.

이 책의 도입부의 상당 부분과 다른 장의 일부는 「뉴욕 타임즈」에 실렸던 내용이다. 이 글을 이 책에 실을 수 있도록 허락해준 「뉴욕 타임즈」에 감사드린다. 이 책에는 「시어리 앤 이벤트Theory&Event」와 「롤링 스톤Rolling Stone」에 다른 형식으로 수록되었던 글도 들어 있다. 이 글의 전재를 허락해준 두 곳에도 감사드린다. 『베스트 아메리칸 사이언스 앤 네이처 라이팅The Best American Science and Nature Writing 2014(Mariner Books)』에 에세이가 실릴 수 있도록 선택해준 편집자 데보라 블룸Deborah Blum에게도 감사를 표한다. 또한 이 시리즈의 편집자인 팀 폴거Tim Folger에게도 감사를 드린다.

나는 운이 좋은 사람이다. 내가 어떤 생각들을 떠올리든 늘 지지해주고 부족한 점이 많은 초고를 넓은 마음으로 끝까지 읽어주는 똑똑하고 재능 있는 많은 사람을 만났기 때문이다. 이 친구들과 동료들이 세심하게 신경 쓴 덕분에, 이 책의 모든 것을 더 깊이 생각할 수 있었고 다소 외로운 사색이 될 수도 있었을 내용이 활기 찬 대화로 바뀔 수 있었다.

대화를 통해 지적 영감을 준 로라 카버Laura Carver, 미한 크리스트Meehan Crist, 조한 프릭Johann Frick, 데일 제이미슨Dale Jamieson, 나오미 클라인Naomi Klein, 딕 나버스Deak Nabers, 마이클 오펜하이머Michael Oppenheimer, 제이콥 시겔Jacob Siegel에게 특별한 감사를 전하고 싶다. 아울러 선뜻 시간을 내서 초고를 읽고 중요한 피드백을 준 패트릭 블랭시필드Patrick Blanchfield, 마리아 디바티스타Maria DiBattista, 제프 돌벤Jeff Dolven, 라파엘 크루트란다우Raphael Krut-Landau, 힐러리 플럼Hilary Plum, 도로테아 폰 몰트케Dorothea von Moltke, 제이슨 다니엘 슈바르츠Jason Daniel Schwartz, 수잔 스튜어드Susan Steward에게도 감사드린다. 변증법적 예술의 제다이인 앤드류 콜Andrew Cole 그리고 2007년에 사회연구 뉴스쿨 대학교에서 그의 강의 〈포위된 도시들Cities Under Siege〉을 들은 이후로 문명 붕괴에 대한 연구에서 줄곧 조언과 도움을 아끼지 않은 마틴 워스너Martin Woessner에게도 특별한 감사를 드린다. 두 사람은 이 책의 원고를 읽어주었을 뿐만 아니라 그 어떤 텍스트보다도 훨씬 깊은 영향과 도움을 주었다.

이 책의 일부 내용은 다양한 종류의 청중 앞에서 발표한 적이 있다. 그 행사에 참가한 분들과 그 행사를 준비한 분들 모두에게 감사드린다. 우선 라이스 대학교에서 열린 〈에너지 콘퍼런스〉의 4차 연례 문화 행사에 초청해 준 것에 대해 도미닉 보이어Dominic Boyer와 에너지 환경 관련 인문과학 연구 센터Center for Energy Environmental Studies in the Human Sciences에 감사를 표하고 싶다. 일반적인 콘퍼런스와는 달리, 이 콘퍼런스에서 나는 존재하리라고 생각해본 적도 없는 지적 공동체의 일원이 된 듯한 기분을 느꼈다. 또한 〈자연적으로 초자연적인:자연관Naturally Hypernatural:Visions of Nature〉 콘퍼런스에 초청해준 맨해튼의 시각예술학교의 수잔 앵커Suzanne Anker에게 감사드린다. 내게 연설할 기회를 준 퀸즈의 리지우드의 스테파니 웨이크필드Stephanie Wakefield와 1882 우드바인1882 Woodbine에게 감사드린다. 마지막으로 인류세에 대해 논의하는 살롱 시리즈에 초청해준 딜런 코헨Dillon Cohen에게 감사드린다.

감사의 말을 전하면서, 현명하면서도 우아한 시티 라이츠 출판사의 발행인 일레인 카첸버거Elaine Katzenberger와 온갖 수고를 아끼지 않은 홍보 담당자 스테이시 루이스Stacey Lewis를 빼놓을 수는 없다. 이 책을 지금과 같은 모습으로 만들어준 두 분께 감사드린다. 최고의 교정을 해준 네이트 도워드Nate Dorward에게도 감사드린다. 또한 원고 및 출판과 관련해 정말로 중요한 조언과 도움을 준 플레처 사Fletcher&Co.의 내 대리인들인 멜리사 친칠로Melissa Chinchillo, 실비 그린버그Sylvie Greenberg, 도널드 램Donald Lamm에게도 감사드린다.

기후변화를 비롯한 여러 주제에 대한 내 연구에 자금을 지원해준 프린스턴 대학교와 미시즈 질 화이트닝 재단Mrs. Giles Whiting Foundation에게도 감사를 전한다. 또한 메인 숲에서 이 책의 초고를 끝낼 수 있도록 환대해준 로잘린드 패리Rosalind Parry와 코요테를 쫓아낸 밀루Milou에게도 감사드린다.

이 책은 내가 처음으로 내는 책이다. 그러니 이 책을 쓰는 과정에서 스승으로, 동기 부여자로, 친구로, 수호천사로 도움을 준 이들에게 감사를 전하는 점을 양해해주기 바란다. 그들이 없었다면 나는 결코 이 자리까지 오지 못했을 것이다. 줄리 폭스Julie Fox, 크리스토퍼 히친스Christopher Hitchens, 제임스 라인볼드James Reinbold, 크리스 로버트Chris Roberts(나에게 스피노자를 소개해준), 수잔 울프슨Susan Wolfson, 너희 모두에게 말하고 싶어. 정말 고마워.

마지막으로 나의 최고의 편집자이자 내 글에 대한 가장 비판적인 독자이자 가장 집요하고 인정사정없는 대화 상대인 사라 마커스Sara Marcus에게 감사드린다. 그의 엄청난 인내심과 불굴의 희망과 따뜻한 보살핌이 없었더라면, 당면한 재앙적 기후변화로 인한 절망을 이겨내고 글을 쓰는 일은 불가능했을 것이다. 이 책에 조금이라도 빛나는 구석이 있다면, 그것은 오로지 그의 사랑 덕분이다.

참고 문헌

이 책에서 언급한 것보다 훨씬 더 많은 책과 웹사이트, 강연, 보고서를 참고했다. 아래에 실린 짧은 참고 문헌 목록은 기후변화와 그것이 미친 철학적, 윤리적 영향에 초점을 맞춘 책 위주로 작성된 것으로, 이 책에서 인용하지 않은 책도 포함하고 있다. 이 책에서 인용되었으나 여기에 실리지 않은 참고 문헌에 대해서는 주석을 참고하기 바란다.

Archer, David. The Long Thaw: How Humans Are Changing the Next 100,000 Years of Earth's Climate. Princeton: Princeton University Press, 2009

Broome, John. Climate Matters: Ethics in a Warming World. New York: W.W. Norton, 2012

Dyer, Gwynne. Climate Wars. Toronto: Random House, 2008

Fagan, Brian. The Long Summer: How Climate Changed Civilization. Cambridge, MA: Basic Books, 2004

Grubb, Michael, with Jean-Charles Hourcade and Karsten Neuhoff, Planetary Economics: Energy, Climate Change and the Three Domains of Sustainable Development. New York: Routledge, 2014

Hansen, James. Storms of My Grandchildren: The Truth About the Coming Climate Catastrophe and Our Last Chance to Save Humanity. New York: Bloomsbury, 2009

Hertsgaard, Mark. Hot: Living Through the Next Fifty Years on Earth. New York: Houghton Mifflin, 2011

Hulme, Mike. Why We Disagree About Climate Change: Understanding Controversy, Inaction, and Opportunity. New York: Cambridge, 2009

Jamieson, Dale. Reason in a Dark Time: Why the Struggle Against Climate Change Failed---And What It Means for Our Future. New York: Oxford University Press, 2014

Klein, Naomi. This changes Everything: Capitalism vs. the Climate. New York: Simon & Schuster, 2014

Klein, Richard G. The Human Career: Human Biological and Cultural Origins, 3rd edition. Chicago: University of Chicago Press, 2009

Kolbert, Elizabeth. the Sixth Extinction: An Unnatural History. New York: Henry Holt & Co., 2014

McKibben, Bill. Eaarth: Making a Life on a Tough New Planet. New York: St. Martins, 2011

Mitchell, Timothy. Carbon Democracy: Political Power in the Age of Oil. New York: Verso, 2011

Monbiot, George. Heat: How to Stop the Planet Burning. London: Allen Lane (Penguin), 2006

Morton, Timothy. The Ecological Thought. Cambridge, MA: Harvard University Press, 2010

Mulgan, Tim. Ethics for a Broken World: Imagining Philosophy After Catastrophe. Cambridge: Acumen Publishing, 2011

Nixon, Rob. Slow Violence and the Environmentalism of the Poor. Cambridge, MA: Harvard University Press, 2013

Norgaard, Kari Marie. living in Denial: Climate Change, Emotions, and Everyday Life. Cambridge, MA: MIT, 2011

Pielke, Jr., Roger. The Climate Fix: What Scientists and Politicians Won't Tell You About Global Warming. New York: Basic Books, 2010

Scheffler, Samuel. Death and the Afterlife. New York: Oxford University Press, 2013

Smil, Vaclav. Global Catastrophes and Trends: The Next 50 Years. Cambridge, MA: MIT, 2008

Spinoza, Baruch. The Ethics. Trans. Samuel Shirley. Indianapolis: Hackett, 1992

Wilson, E.O. The Future of Life. New York: Vintage, 2003

Yergin, Daniel. The Quest: Energy, Security, and the Remaking of the Modern World. New York: Penguin, 2011

인류세에서 죽음을 배우다

초판 1쇄 발행 2023년 1월 10일
초판 2쇄 발행 2024년 11월 15일

지은이 로이 스크랜턴
옮긴이 안규남

펴낸이 김진규
경영지원 정동윤
책임편집 김민영

펴낸곳 (주)시프 | 출판등록 2021년 2월 15일(제2021-000035호)
주소 경기도 고양시 덕양구 권율대로668 티오피클래식 209-2호
전화 070-7576-1412
팩스 0303-3448-3388
이메일 seepbooks@naver.com

ISBN 979-11-92421-15-5 03330